BIBLIOTHÈQUE
DE PHILOSOPHIE CONTEMPORAINE

DE L'EXISTENCE DE DIEU

PAR

J. LAGNEAU

PARIS
LIBRAIRIE FÉLIX ALCAN
108, BOULEVARD SAINT-GERMAIN, VIe

De l'existence de Dieu

DE L'EXISTENCE
DE
DIEU

PAR

JULES LAGNEAU

PARIS
LIBRAIRIE FÉLIX ALCAN
108, BOULEVARD SAINT-GERMAIN, 108

1925

AVERTISSEMENT DES ÉDITEURS

Il y a environ un an, quelques disciples de Jules Lagneau et quelques amis de la philosophie résolurent de rassembler en un volume tous les écrits du Maître. Dès que cette publication, qui est en cours, fut annoncée, il s'éleva un tel intérêt et en quelque sorte une telle rumeur dans le monde des philosophes, et principalement parmi les membres de *L'Union pour la vérité*, que l'occasion parut favorable de livrer au public, sans s'arrêter plus longtemps aux difficultés d'exécution, ce que les élèves de Lagneau pourraient restituer des célèbres leçons professées au Lycée Michelet.

Le *Cours sur l'existence de Dieu*, que nous publions ci-après, était déjà connu par une étude de M. P. Tisserand que l'on trouvera au n° de mai 1911 de la *Revue de Métaphysique et de Morale*. Ces leçons furent données au lycée Michelet au cours de l'année 1892-1893 ; elles occupèrent environ un trimestre ; elles furent recueillies et rédigées notamment par deux élèves vétérans, et c'est la copie d'une de ces deux rédactions qui servit de texte pour l'article que nous signalons. Après examen de ces mêmes cahiers que M. Tisserand avait eus sous les yeux, il nous a paru que cette suite de leçons, par l'importance, par l'ordre, par la force des conclusions, était digne d'être imprimée avant toute autre. On y trouvera le dernier mot du Penseur, et en quelque sorte son Testament Philosophique. Lui-même l'a dit.

Outre que l'idée religieuse y est suivie jusqu'aux plus profondes racines, de façon qu'on puisse dire que l'Esprit Humain a fait ici un pas de plus, duquel on ne pourra revenir, on trouvera encore dans ces pages l'exemple sans doute le plus clair de cette Méthode Réflexive, jusqu'ici mieux célébrée que connue d'après quelques formules hermétiques.

Le titre n'a pas été choisi sans réflexion. D'après les développements préliminaires, on pouvait croire que les preuves morales étaient seules considérées ; mais le lecteur attentif reconnaîtra que, par l'analyse, le resserrement, le redressement de la preuve morale directe, les preuves intellectuelles se trouvent reprises, que leur sens le plus profond est retrouvé, et Descartes enfin expliqué, puisque la preuve réflexive nous ramène finalement au Je Pense.

Le texte qui suit est établi par la comparaison de deux rédactions indépendantes, et qui s'accordent partout ; il n'y a donc aucune incertitude sur le sens. A n'en pas douter, c'est bien la pensée du Maître qui est ici fidèlement rapportée. La forme est sans art, et même souvent pénible ; on y retrouvera quelque chose des retours et des scrupules de la parole. Le style de l'écrivain ne s'y montre que par éclairs. Toutefois, il éclate à la fin. Les manuscrits déjà publiés dans la *Revue de Métaphysique*, et que l'on retrouvera dans le volume des *Ecrits*, ont gardé la trace de ces dernières Méditations dont les leçons ici publiées sont le fruit. Un de ceux qui les ont entendues a reconnu, dans le Fragment qui porte le n° 90, la conclusion dont ses notes ne donnaient qu'une imparfaite idée ; c'est pourquoi nous l'avons transcrite telle quelle. La dernière page de ce livre imparfait donnera ainsi l'idée de ce qu'il aurait pu être si Lagneau l'avait écrit. Le reste n'est que ruine à côté, mais tout essai de restauration nous aurait paru sacrilège.

Le 5 février 1925.

DE L'EXISTENCE DE DIEU

L'expression « Preuves morales de l'existence de Dieu » se prend en trois sens. Au premier sens, les preuves morales sont des appels à la croyance, des raisons de croire : elles sont la constatation du mouvement naturel qui porte les hommes à croire en Dieu. Ce sont d'abord des raisons tirées de la croyance individuelle ; Dieu est représenté comme le suprême désirable, comme objet, soit de l'intelligence (vrai), soit de la sensibilité (bonheur), soit de la volonté (perfection). C'est, en second lieu, l'argument tiré du consentement universel. En un troisième sens enfin, l'expression « Preuves morales » peut signifier preuves fondées sur la moralité, ou conditions que la moralité suppose.

I

Quand on dit « Preuves morales » on peut avoir dessein de corriger, de restreindre le sens du mot « Preuve », de lui ôter son caractère logique. Une Preuve morale est alors une Preuve qui ne démontre pas rigoureusement, qui n'est qu'une raison de croire ; c'est une preuve qui ne consiste en définitive qu'à fournir des probabilités en faveur de la thèse. Les preuves morales de l'Existence de Dieu en ce sens sont les preuves fondées sur les besoins de notre nature, ou, ce qui au fond revient au même, sur le fait que l'humanité dans son ensemble croit à l'existence de Dieu. En ce sens il y aurait deux preuves morales.

Nous souhaitons être heureux ; mais le souhait du bonheur n'est qu'une des formes du désir de la perfection en tous les ordres ; qu'il s'agisse de connaissance, qu'il s'agisse de beauté, qu'il s'agisse de vertu, nous désirons la perfection. L'affirmation la plus naturelle au cœur de l'homme, c'est celle du parfait en tous les genres. La connaissance, la science, n'existerait pas si, dès son début, le terme auquel elle tend (sa perfection) n'était posé comme réel et susceptible par conséquent d'être poursuivi. De même, que signifient les jugements portés sur la valeur des choses indépendamment de leur utilité, sinon que nous croyons que ces choses peuvent être parfaites en elles-mêmes indépendamment de toute fin, c'est-à-dire qu'il y a une perfection naturelle des choses en tant qu'elles frappent nos sens et notre esprit, et qui est indépendante de l'usage qu'on en peut tirer ? Cette perfection physique, sensible, c'est celle de la beauté. Nous ne nous bornons pas à concevoir cette beauté des choses comme susceptible d'accroissements indéfinis ; nous concevons qu'elle n'est possible que parce que, de ces perfectionnements successifs, il existe dès à présent une mesure. Les beautés imparfaites ne nous paraissent concevables que par rapport à une beauté absolue de laquelle elles ne sont que des manifestations incomplètes. Quand nous sommes émus par le spectacle de la beauté, nous ne pouvons pas concevoir que nous sommes en présence d'une simple apparence relative à nous ; il nous semble qu'il y a là l'expression d'une réalité absolue. Pour une chose, être belle, c'est avoir une perfection indépendante de son utilité et qui est saisissable immédiatement à notre nature sensible et intellectuelle ; c'est manifester dans ses formes une réalité intérieure que nous jugeons être plus vraie que sa vérité matérielle, que celle qui consiste dans la totalité des explications que l'intelligence saisit de la chose. Entre une belle œuvre et une œuvre sans beauté, il n'y a pas de différence quant à la vérité proprement dite ; l'une et l'autre sont, ou du moins sont conçues, comme également explicables. Mais entre elles il y a, à nos yeux, cette différence que, quoiqu'égales en vérité, il y en a une néanmoins qui possède une réalité que l'autre n'a pas, réalité qui n'est pas seulement une apparence, c'est-à-dire qui n'existe pas seulement par notre manière de considérer la chose, mais qui existe en soi. Nous ne saurions admettre que la chose belle le soit seulement parce que notre nature est faite pour la trouver belle ; le jugement du goût implique l'affirmation de son universalité. Sans doute nous ne saurions nous étonner que nos goûts ne soient pas partagés, mais nous ne saurions non plus consentir à ce que, quand nous jugeons qu'une chose est belle, ce soit par l'effet d'un pur hasard. Il y a, dans tout jugement esthétique, l'affirmation de la mesure absolue de la beauté, c'est-à-dire d'une vérité, d'une réalité de la beauté. Sans doute une chose n'est pas belle en elle-même sans être pensée ; mais nous ne pourrions non plus concevoir que la beauté de la chose ne soit qu'une manière de voir subjective. Parler de la beauté des choses, c'est saisir un aspect absolu de la réalité. Il y a, disions-nous, une vérité de la beauté. Sans doute elle ne saurait être exprimée en raisonnements abstraits comme la vérité proprement dite ; mais qu'il y ait une beauté vraie, cela est certain ; autrement dit, toute affirmation de la beauté d'une chose implique l'affirmation de la valeur absolue de cette forme de pensée par laquelle nous affirmons les choses comme belles, nous affirmons un absolu de la beauté.

De même quand nous qualifions les actions qui dépendent de la volonté humaine, quand nous disons qu'une action est bonne, le jugement que nous portons de la sorte implique, à un plus haut degré encore que le jugement esthétique, l'affirmation d'une mesure absolue, réelle, indépendante de notre nature particulière, d'une mesure absolue de la perfection morale. Affirmer la valeur d'une action, c'est affirmer qu'elle réalise une espèce de perfection qui ne saurait être considérée comme une pure idée formée à plaisir par notre esprit ; affirmer la valeur d'une action, c'est affirmer la réalité de la perfection morale. Penser n'est autre chose que juger : juger de la vérité, juger de la valeur sensible, c'est-à-dire de la beauté, juger de la valeur morale ; autrement dit, toute pensée a pour objet le vrai, le beau ou le bien. Toute pensée par suite est, sous une forme ou sous une autre, et souvent sous plusieurs à la fois, l'affirmation de la perfection.

Ainsi notre nature abandonnée à elle-même tend au bonheur ; c'est ce qui arrive quand nous agissons en tant qu'êtres raisonnables, mais aussi sans juger la tendance qui nous porte vers cette fin. Autrement dit, notre sensibilité d'êtres raisonnables tend au bonheur ; notre pensée sous toutes ses formes affirme la perfection. Cette perfection, en tant que nous la jugeons capable de nous donner le bonheur, de réaliser pleinement notre être si nous arrivons à la posséder, est pour nous objet d'amour. L'amour tend naturellement à la perfection. Aimer, c'est s'identifier à l'objet que l'on aime, c'est se vouloir en lui. Pas d'amour là où il n'y a pas un mouvement de la volonté qui renonce à elle-même pour se confondre avec l'objet auquel elle tend. Le propre de l'amour est toujours l'oubli de soi. Il se peut que l'amour soit mêlé d'éléments étrangers, qu'il ne soit pas parfaitement lui-même, parfaitement pur ; mais, en tant qu'amour, son élément essentiel c'est le désintéressement, c'est-à-dire l'affirmation de la valeur absolue de l'objet aimé, de la convenance qu'il y a à ce que cet objet soit aimé pour lui-même, et que celui qui l'aime l'aime sans retour sur soi. L'amour, autrement dit, est un don absolu de la volonté entraînant une subordination absolue de la nature qui dépend de cette volonté. C'est méconnaître l'amour véritable que d'en faire un calcul d'égoïsme. Celui qui aime ne saurait, au moment où il aime, admettre que l'objet aimé ne soit pas digne du sacrifice absolu de celui qui l'aime. Aimer c'est toujours attacher un prix absolu à ce qu'on aime ; par conséquent, c'est faire acte d'abnégation, ou du moins affirmer la convenance, la nécessité de l'abnégation. Il peut arriver que cette affirmation, gardant seulement un caractère purement spéculatif, n'aille pas jusqu'à déterminer la volonté ; mais c'est qu'alors il y a disproportion entre le jugement de l'esprit qui qualifie l'objet de digne d'être aimé, et le mouvement de la volonté ; il n'y a pas alors véritable amour. Sans doute l'amour peut avoir ses conditions dans des appétits, dans des impulsions purement sensibles ; mais ces conditions ne suffisent pas à le déterminer ; il n'y a amour qu'au moment où la puissance infinie de la volonté se dégage de ces entraves qui l'attachaient à un objet fini, en la déterminant à l'aimer. Il n'y a pas, autrement dit, amour là où il n'y a pas don de la nature ; l'amour déterminé, fatal, auquel la nature ne peut résister n'est pas le vrai amour. Sans doute le propre de l'amour, est de se juger irrésistible, aveugle, déterminé par une force naturelle, souveraine ; mais il y a une véritable contradiction, une illusion dans ce jugement. Si en effet l'amour était, de la sorte, déterminé par une force brutale, d'où viendrait le jugement que la volonté qui aime porte sur la valeur de son objet ? d'où viendrait qu'il est impossible d'aimer sans s'approuver d'aimer, sans juger que le mouvement qui nous porte vers l'objet est ce qu'il doit être ? On comprend bien que, ce jugement une fois porté, ce jugement de liberté, on comprend qu'il détermine l'affirmation du caractère fatal du mouvement d'amour, autrement dit que l'absolu de la liberté reflue sur la nature de l'amour pour la présenter comme absolument nécessaire, ce qui est une contradiction dans les termes mêmes ; mais il est impossible de concevoir comment, si l'acte d'amour est aveugle et fatal, il peut être accompagné d'un jugement sur la valeur absolue de son objet. Ce que je ne puis m'empêcher d'aimer, comment puis-je avoir la prétention de le juger, ce qui suppose que je m'en détache, et que je ne lui accorde une valeur absolue que parce que je pourrais ne la lui pas accorder ? Ce qui fait la réalité de l'amour, c'est donc un libre jugement de l'esprit sur la valeur de l'être aimé. Mais l'objet de l'amour peut être par lui-même sans valeur ? L'amour ne va pas toujours à l'objet le plus digne ? C'est même souvent son triomphe que de transformer son objet, de lui prêter des qualités qu'il n'a pas, de lui ôter des défauts trop réels ? Oui ; mais en disant que l'objet de l'amour c'est la perfection, on ne veut pas dire que ce soit la perfection réelle, réalisée, ce qui serait une impossibilité. Nous ne pouvons aimer que la perfection : cela ne veut pas dire que nous ne pouvons aimer que la perfection que nous trouvons réellement dans les choses, mais bien que nous ne pouvons aimer les choses que parce que nous trouvons en elles, non la perfection réalisée, mais la puissance d'être parfaites, le principe d'où résulte, dans les choses particulières, la mesure de perfection qu'elles peuvent présenter. Autrement dit, si nous aimons des êtres ou des choses indignes d'amour, dans ce qu'elles sont réellement, cela même est la preuve du caractère de liberté que nous avons tout à l'heure reconnu dans l'amour. L'amour va toujours à la perfection, disions-nous, et vient toujours de la liberté. Si l'amour était déterminé par le spectacle de la perfection réalisée dans les objets, on ne pourrait pas dire qu'il vient de la liberté, et, à vrai dire, il ne s'adresserait pas, à proprement parler, à la perfection, puisque la perfection réalisée, déterminée, déjà faite, et incapable par suite d'être autre chose que ce qu'elle est, n'est pas la perfection véritable. Il n'y a perfection que dans l'action même qui réalise progressivement la perfection. Autrement dit, c'est dans l'affirmation de l'aptitude à réaliser la perfection, dans l'affirmation du caractère absolu de la causalité de l'être dont l'amour fait son objet, que consiste la plus parfaite manifestation de la liberté dans l'amour. Un amour qui serait enchaîné d'avance à n'aimer que la perfection déterminée, réalisée, qui serait incapable de dégager, dans l'être aimé, l'aptitude latente, qui est le fond même de cet être, à réaliser progressivement la perfection, ne serait pas un amour véritable. Nous ne pouvons aimer que la perfection, mais non la perfection réelle, c'est-à-dire déterminée.

Ainsi l'objet de notre sensibilité c'est le bonheur ; or, dans l'idée du bonheur se trouve impliquée l'idée d'une perfection de la sensibilité. Maintenant l'objet de l'intelligence, son essence, c'est l'affirmation d'une mesure absolue des jugements qu'elle porte sur le vrai, sur le beau, sur le bien, c'est-à-dire l'affirmation d'une perfection. Enfin l'acte proprement dit de la volonté, l'acte véritablement créateur est celui par lequel elle sort d'elle-même, elle s'élève au-dessus de la nature à laquelle elle se trouve liée. Agir en s'élevant au-dessus de soi, c'est aimer, car il est impossible d'agir sans but ; mais une action qui ne tend qu'à un but sensible, à un but égoïste, comme le bonheur, n'est pas une action véritable. Autrement dit, l'acte réel, véritable, c'est l'acte de l'amour. Nous n'agissons véritablement que quand nous aimons ; et nous ne pouvons aimer qu'à la condition de justifier parfaitement à nos propres yeux cette action même, c'est-à-dire d'attribuer une valeur absolue à l'être qui en est l'objet : l'amour ne va qu'à la perfection. On peut dire que tout acte de la pensée, tout mouvement de la sensibilité, toute action proprement dite a la perfection pour objet, c'est-à-dire que nous ne pouvons ni nous abandonner au cours de notre sensibilité, ni penser, ni agir, sans affirmer la réalité de la fin que nous poursuivons dans nos sentiments, dans nos pensées, dans nos actions. Chacune de nos pensées, au sens le plus général du mot, implique donc l'affirmation de la réalité du parfait.

Ce n'est pas là une preuve proprement dite de l'existence de Dieu, car la preuve doit avoir un caractère démonstratif ; ici nous ne faisons que constater que notre nature pose spontanément la réalité du parfait. D'autre part, pour qu'il y ait là une vraie preuve, il faudrait qu'il y eût une définition de cette perfection que notre nature postule : c'est ce qui n'est pas. Il ne suffit pas de postuler l'existence du parfait, il faut encore dire en quoi consiste cette perfection pour avoir le droit de dire : Dieu existe. Autrement dit, il n'y a là qu'une preuve morale, non une preuve proprement dite.

A cette preuve, l'objection qui s'oppose naturellement, c'est qu'il ne suffit pas de souhaiter ou d'affirmer sans preuve, d'exiger impérieusement cette existence, pour l'établir. En effet, rien ne prouve que la réalité soit faite pour satisfaire aux exigences de notre nature, qu'elle puisse, qu'elle doive nous fournir ce que nous réclamons. Cette preuve ne saurait en effet se suffire à elle-même. Elle ne peut avoir de valeur qu'à la condition que l'on se soit préalablement demandé ce que peut être la réalité de cette nature dont on met en doute qu'elle doive satisfaire nos espérances. Il faut avoir étudié dans sa source même l'idée que nous nous faisons d'une nature des choses, avoir analysé notre façon de connaître, de sentir, de vouloir, pour pouvoir apprécier à leur juste valeur les exigences de notre nature, et les chances qu'elle a de trouver satisfaction dans la nature des choses.

L'autre argument moral est celui du consentement universel. C'est un fait que tous les peuples, si haut que l'histoire nous permette de remonter dans le passé, ont cru à l'existence d'un pouvoir souverain, arbitre des destinées humaines, jusqu'à un certain point rémunérateur dans une vie future, ou tout au moins dans celle-ci. Il est difficile de rencontrer, non pas seulement un peuple, mais un homme, auquel l'idée de l'existence de Dieu, et même la croyance en cette existence fasse complètement défaut. Mais, peut-on dire, il y a des athées, des hommes qui ne croient pas en l'existence d'une puissance infinie et juste, capable de s'opposer à la puissance aveugle de la nature qui, elle, est indifférente au bien et au mal, au juste et à l'injuste. Mais si la négation de l'existence de Dieu existe dans l'humanité, cela ne veut pas dire qu'elle soit dans la pensée de ceux qui l'expriment, du moins qu'elle soit autre chose qu'une simple opinion, qu'une opinion impliquant en elle-même sa propre négation. Affirmer que Dieu n'existe pas est le propre d'un esprit qui identifie l'idée de Dieu avec les idées qu'on s'en fait généralement et qui lui paraissent contraires aux exigences soit de la science, soit de la conscience. En dehors de ces athées qui nient Dieu parce qu'ils s'en font une idée plus haute que leurs contemporains, il n'y a que des athées pratiques, dont l'athéisme consiste, non pas à nier la vérité de l'existence de Dieu, mais à ne point réaliser Dieu dans leurs actes. L'athéisme pratique, c'est le mal moral, qui n'implique pas la négation de la valeur absolue de la loi morale, mais simplement la rébellion contre cette loi. En dehors de cet athéisme pratique, il n'y a pas vraiment d'athéisme. Partout où une pensée est capable de discuter avec elle-même les raisons de croire à l'existence de Dieu se trouve l'affirmation d'une vérité absolue à la mesure de laquelle toutes les croyances particulières doivent être rapportées. Une pareille affirmation implique plus ou moins confusément l'affirmation de Dieu. Et ce n'est même qu'au prix de ces négations des formes actuellement reconnues de la divinité qu'a pu se faire dans la pensée humaine le progrès de l'idée de Dieu. Nous concevons de mieux en mieux la perfection par le fait même qu'on l'a niée.

« Ces douteurs ont frayé les routes,
Et sont si grands sous le ciel bleu,
Que, désormais, grâce à leurs doutes,
On peut enfin affirmer Dieu.

V. HUGO (1).

Le progrès de la connaissance et en particulier de la connaissance de Dieu ne peut se faire que par deux mouvements en sens opposé ; tout progrès est à la fois affirmation et négation. Connaître, sans doute, c'est affirmer, c'est croire ; mais en même temps c'est nier, se détacher. Aucune croyance en l'existence de l'être parfait, principe de tous les êtres, ne saurait exister qu'au prix d'une détermination de ce qu'on doit entendre par ce parfait, au prix, par suite, d'une négation des formes qui ne l'expriment pas complètement. De sorte que ce que l'on appelle ordinairement l'athéisme est nécessaire, non pas seulement au progrès, mais à l'existence même de la croyance en Dieu. C'est ce que l'on peut mieux comprendre encore en songeant que la raison que nous avons d'affirmer Dieu, c'est toujours en définitive l'impossibilité de trouver dans la réalité l'objet entier de notre pensée. Si Dieu pouvait se présenter à nous dans la réalité, il serait impossible de croire en Dieu. Démontrer l'impossibilité que Dieu existe en ce sens qu'il serait susceptible de nous affecter, de tomber sous nos sens, et même d'être conçu dans sa nécessité, c'est la condition nécessaire pour que nous puissions savoir que

(1) V. HUGO, *Rupture avec ce qui amoindrit.* « Légende des siècles », LVI.

Dieu est ; car la réalité de Dieu serait purement illusoire si elle ne consistait dans l'excédent de la pensée sur les choses. Dieu, c'est, non pas l'impossible, mais c'est la raison de l'impossible. Ce que nous entendons par l'existence de Dieu, c'est justement la raison absolue pour la pensée d'affirmer ce qui néanmoins ne saurait lui être fourni par la voie des sens, ni non plus par voie de conception nécessaire. Dieu est l'absolu. Mais c'est dire qu'il ne peut exister ni comme les objets sensibles (contingence), ni comme les objets d'intelligence (nécessité). Par conséquent l'athéisme établit l'impossibilité que Dieu existe soit comme chose, soit comme objet de pensée nécessaire absolument ; mais, quand cette démonstration est faite, alors apparaît dans tout son jour la raison d'affirmer Dieu, raison d'autant plus visible que tout ce qui pourrait expliquer dans la pensée l'affirmation de l'absolu se trouve éliminé par la critique. Quand la critique a démontré qu'il est impossible d'expliquer l'action absolue de la pensée soit par l'expérience sensible, soit par la présence en elle d'une loi qui la détermine nécessairement à affirmer l'être, l'impossibilité même de rendre compte de cette affirmation absolue est la preuve de la réalité objective de Dieu. On peut comprendre pourquoi non seulement l'athéisme est le sel qui empêche la croyance en Dieu de se corrompre ; car cette pensée peut se perdre dans l'affirmation déraisonnable. On peut encore comprendre la nécessité de l'athéisme, qui ne peut consister qu'à montrer que Dieu n'est pas donné, soit comme réalité sensible, soit comme essence ; car alors Dieu ne serait que nécessité ;

il ne serait pas. Le véritable athéisme consisterait à nier, non l'existence, mais la réalité de l'absolu. Cet athéisme est impossible ; l'absolu est toujours affirmé comme le but où tend la nature et comme l'objet de l'intelligence et de la volonté.

Mais les tendances que l'homme peut avoir à affirmer l'existence de Dieu, il s'agit de savoir si elles sont conformes à la vérité. D'ailleurs ces arguments laissent l'idée de Dieu indéterminée ; ils nous font concevoir Dieu comme ce qui rend possible l'existence du bonheur, comme la perfection, comme la vérité ; mais la réflexion seule peut donner un caractère déterminé à l'objet de la croyance, et, en déterminant cet objet, peut seule modifier aussi la nature de cette croyance. Il n'y a là que des raisons de sentiment, non des preuves capables de convaincre la raison.

II

Il y a un autre sens du terme « Preuves morales » de l'existence de Dieu. On entend alors les preuves fondées sur la moralité. S'il est vrai qu'on ne pourrait prouver l'existence de Dieu ni par l'étude et le spectacle de la nature, ni par les nécessités des formes de la pensée, peut-être pourrait-on le faire en admettant le devoir et en se demandant quelles sont les conditions que le devoir suppose. C'est ce qu'a fait Kant dans la « Critique de la raison pratique », après avoir montré l'insuffisance des preuves des autres ordres dans sa « Critique de la raison pure ». Dans les trois parties de sa « Dialectique Transcendantale », l'âme, la liberté, Dieu, Kant montre l'impossibilité de démontrer l'existence de l'âme, de la liberté, de Dieu. Mais ce qui est impossible à la raison pure est possible selon lui à la raison pratique. Kant y écarte d'abord le point de vue de l'ancienne philosophie.

Le problème moral était abordé par les moralistes anciens comme problème de la détermination du souverain bien ; Kant montre que le vrai problème moral consiste, non à déterminer ce qu'est le souverain bien en lui-même, mais à déterminer ce qu'est la bonne action, et il montre que la seule action bonne est celle qui part de la bonne volonté, autrement dit, que la seule idée que nous puissions déterminer d'un bien absolu est celle qui nous est donnée par l'analyse de la bonne volonté. Le bien absolu n'est pas dans un objet de la volonté, il est dans la disposition absolue de la volonté, c'est-à-dire dans le rapport qu'elle pose entre elle-même et la loi morale; le Bien absolu est dans la volonté qui veut la loi et qui ne veut ses actions que par pur respect pour la loi. Autrement dit, le Bien absolu c'est l'obéissance au Devoir.

Mais, dit Kant, si tout ce qui dans l'action morale est étranger à la pure volonté du Bien, c'est-à-dire à la pure volonté d'obéir à la Loi par respect pour elle, si tout cela est sans valeur, il ne suit pas de là que tout cela ne puisse tenir sa place dans l'idée du Souverain Bien. L'idée du Souverain Bien, dans l'analyse de laquelle les moralistes anciens faisaient consister le problème essentiel de la morale, contient deux éléments : la pure disposition de la volonté conforme à la loi morale; l'idée du bonheur. Le Souverain Bien c'est l'objet d'une volonté raisonnable; mais dans cet objet il faut distinguer deux parts; l'une est essentielle, et l'autre est subordonnée. Il est faux de vouloir déterminer le Bien de la volonté comme consistant dans le bonheur, car le bonheur ne peut être que la fin de la sensibilité; d'autre part, un élément essentiel de l'idée de bonheur, c'est justement de ne pouvoir être atteint que sous la condition que la raison subsiste dans l'être qui l'atteint, c'est-à-dire sous la condition d'être mérité. Le Souverain Bien, c'est le but souverainement désirable pour une volonté raisonnable. Ce but comporte d'une part le bonheur, d'autre part la perfection ou le bien moral. Mais ces deux éléments ne sont pas sur le même plan, et il n'est pas vrai non plus que ce soit le bonheur qui soit au-dessus de l'autre ; c'est l'inverse qui est le vrai. Le Souverain Bien c'est le bonheur joint à la perfection, mais ayant sa condition dans la perfection, et en résultant. Toutefois si nous ne devons vouloir être heureux que sous cette condition, néanmoins le Bien est une partie de l'objet d'une volonté raisonnable.

De deux choses l'une : ou le Bien absolu consiste dans le Bien moral, et alors il consiste dans la pure disposition de la volonté à obéir à la loi par respect pour elle ; ou le Bien absolu consiste dans un Bien réel, c'est-à-dire dans la fin que la volonlé bonne doit réaliser ; alors ce bien réel n'est autre chose que le plaisir, le bonheur, le bien de la sensibilité. Mais il serait déraisonnable de faire tenir dans une seule idée ces deux biens de la sensibilité et de la volonté, ou de croire qu'il est possible de faire consister le Bien absolu dans la bonne volonté en même temps qu'on admet que la nature de la bonne volonté est aussi d'être déterminée par quelque chose d'extérieur à elle. S'il est vrai que je crois bien agir quand j'agis par pur respect pour la loi, et cela est incontestable, il est déraisonnable de croire que c'est seulement le Bien réel qui donne de la valeur à la volonté. Mais si le bonheur absolu consiste dans autre chose que la bonne volonté, dans une fin qu'elle devrait servir à réaliser, fin réelle, le devoir sera alors de commencer la morale par la détermination de ce bien absolu extérieur à la volonté, étranger à elle, pour déterminer ensuite le devoir ; car un tel Bien ne peut être qu'un Bien naturel. Si on veut déterminer en quoi consiste le devoir en commençant par déterminer ce qu'est le Bien naturel, on n'y arrivera pas. Mais l'analyse de la bonne volonté montre que jamais ce n'est une raison pour avoir bien voulu que d'avoir voulu ce que notre nature portée vers le plaisir nous incitait à faire ; au contraire, elle nous montre qu'il y a là une opposition. Or, s'il faut déterminer le devoir en partant de ce qu'est le Bien naturel, nous ne pourrons jamais trouver l'idée du devoir, car si le Bien absolu est un bien naturel, il n'est qu'un bien relatif, car il n'est un bien que pour la sensibilité ; c'est donc une condition de la moralité que de n'être point suspendue à l'idée d'un bien naturel. Ainsi ces deux concepts, Bien moral, Bien réel, sont irréductibles.

Mais ils existent dans l'idée du Souverain Bien. Toutefois les stoïciens ont eu tort de confondre le Souverain Bien avec le Bien absolu. Le Souverain Bien est une expression amphibologique. Veut-on parler d'un Bien qui est au sommet des Biens, d'un Bien suprême ? Alors il ne s'agit plus d'un Bien qui contient tout autre Bien ; dans ce cas on ne pourra pas réaliser cette idée du Bien suprême autrement que dans l'idée du Bien moral. Si au contraire on entend par ***Summum***

Bonum le Bien somme, le Bien total, il en est autrement. Nous ne pouvons pas voir dans le Bien moral tout le Bien. Il y a un autre bien subordonné, mais qui pourtant a son prix, non pas seulement parce que notre sensibilité nous porte à chercher le bonheur, parce que nous faisons tenir dans le bien l'idée du bonheur, mais parce que nous ne pouvons nous empêcher de penser qu'il soit juste que l'être moral reçoive le prix de sa vertu dans le bonheur. Ce n'est pas seulement là un désir de la sensibilité qui nous porte à croire que le bonheur doit se réaliser pour nous ; c'est encore un jugement impartial de la raison. Dans l'acte par lequel je me soumets au devoir, dit Kant, se trouve impliquée, non seulement la croyance à la valeur absolue du devoir, règle de la volonté, mais encore la croyance à ceci, que l'ordre des choses est conforme au devoir. Toutes les fois que nous prenons conscience de l'obligation où nous sommes de nous soumettre à la loi, nous prenons conscience de l'infinie distance qui nous sépare de la perfection morale. Combien de fois nous arrive-t-il d'être sûrs que c'est par pur respect pour la loi que nous agissons ? Peut-être n'y a-t-il jamais eu une seule action vraiment morale produite par un être humain. Or le devoir ne serait-il pas une sorte d'illusion si nous ne pouvions croire que l'état qui est à présent le nôtre, le caractère mélangé de toutes nos résolutions dans lesquelles les motifs intéressés se mêlent toujours aux purs motifs moraux, n'est pas définitif, que la sainteté même, la disposition constante de la volonté à vouloir l'obéissance par pur respect pour la loi, que la sainteté n'est pas un état contre nature ? Tout au moins faut-il, quand nous nous soumettons au devoir, que nous nous représentions qu'il nous est donné un pouvoir d'approcher indéfiniment de la sainteté. Cela implique que notre existence n'est pas bornée à cette vie terrestre, que nous avons devant nous la perspective du développement indéfini de notre moralité ; cela implique l'affirmation que la nature permet, sinon de réaliser la sainteté à présent, du moins d'en approcher indéfiniment. De là résulte que la croyance à l'immortalité de l'âme est impliquée dans l'acte moral. Nous ne pouvons pas savoir que nous avons une âme immortelle, nous ne pouvons pas le démontrer ; mais ce qui est impossible à la spéculation est nécessaire à la pratique. Le devoir serait une illusion si nous ne pouvions pas croire qu'il nous sera donné d'approcher indéfiniment de la sainteté. (Kant, *Antinomie de la raison pratique*). Dans tout acte moral se trouve impliquée la croyance que le devoir n'est pas un pur produit de la fantaisie, mais qu'il est conforme à l'ordre naturel, c'est-à-dire qu'il est possible à l'être moral d'espérer approcher indéfiniment de la sainteté. Si ce n'était pas possible, il faudrait dire que toutes les fois que nous croyons agir moralement, nous travaillons en vain, puisque nous ne travaillons en aucune façon à la réalisation d'un état moral. Le devoir ne cesse d'être illusoire pour nous qu'à la condition que nous puissions nous représenter, sans savoir d'ailleurs comment cela sera possible, que nous avons devant nous un avenir illimité de perfection et de bonheur. Mais nous ne pouvons croire que cette perpétuité puisse être démontrée, car la valeur de la vertu serait alors anéantie ; ainsi il faut que nous nous représentions cet avenir illimité, et d'autre part nous ne pouvons en être certains. Donc la croyance au devoir est liée à un besoin de nous représenter la possibilité d'un avenir indéfini de perfectionnement moral, et en même temps d'une corrélation exacte dans cet avenir indéfini entre la moralité et le bonheur. Le premier de ces deux besoins détermine en nous la croyance à l'immortalité de l'âme, et le deuxième la croyance à l'existence de Dieu. Dieu est, en effet, pour la raison, la cause intelligente et en même temps la volonté bonne qui a organisé le monde sensible de façon à y rendre possible un développement indéfini de la moralité par l'immortalité des âmes, et en même temps à assurer une possibilité pour ces âmes, indéfiniment progressives si elles le veulent, de trouver toujours dans le bonheur la juste et proportionnelle rémunération de leur vertu. Nous ne pouvons nous représenter que cet accord parfait de la vertu et du bonheur soit réalisé par les seules voies de la nature telle que nous la connaissons ; tout ce que nous en savons nous défend de croire que ce soit par ses seules forces qu'elle puisse attacher ensemble le bonheur et la vertu. Il faut donc que nous croyions qu'il y a au-dessus de cette nature un principe intelligent et bon duquel elle dépend et qui, en dépit des apparences contraires, a assuré cet accord qui ne nous paraît pas réalisé ici-bas. Croire en l'existence de Dieu intelligence parfaite et volonté bonne qui a préparé le royaume des âmes, des fins, comme dit encore Kant, le règne de Dieu, comme dit la religion chrétienne, qui l'a préparé par les lois mêmes qu'il a données à la nature et qui a voulu en même temps que la loi de ce royaume des âmes, de cette cité des fins soit l'harmonie de la vertu et du bonheur, croire à l'existence de Dieu comprise ainsi est un besoin, une nécessité, mais non un devoir. On ne peut considérer comme un devoir de croire à quelque chose, car la raison de croire ne peut être que dans la connaissance. Que si au contraire la croyance a son origine dans la nature, dans un besoin, on ne peut plus dire que c'est un devoir. Mais, en fait, il y a là un besoin pour nous. Il est donc raisonnable de céder à ce besoin de la nature lié à la moralité en nous, besoin qui nous porte à croire à l'immortalité de l'âme et à l'existence de Dieu. On ne trouve pas d'impossibilité à y croire et même on trouve que le devoir ne serait pas raisonnable sans cela.

La preuve de l'existence de Dieu à laquelle Kant s'est arrêté se distingue de toutes les preuves proposées par les philosophes ; c'est seulement dans Rousseau qu'on en trouve l'analogue. Elle consiste à ne pas faire reposer la croyance en l'existence de Dieu sur une connaissance proprement dite, connaissance qui ne peut être que relative, tandis que Dieu exclut toute relation et ne peut être l'objet que d'une connaissance absolument certaine, par suite qui ne saurait être empruntée à l'expérience, ni fondée sur une démonstration, puisque l'expérience est toujours contingente et que la démonstration supposant des principes ne saurait être absolue. L'originalité de cette preuve consiste en ce qu'elle repose sur le témoignage de la conscience morale, par lequel seul nous atteignons l'absolu. Dieu existe parce que nous savons que le devoir existe. De cela aucun sceptique spéculatif ne peut douter. Quand bien même nous ignorerions l'ordre des choses et la vérité dans l'ordre abstrait, il resterait encore pour nous une certitude : celle que nous sommes tenus à quelque chose, qu'il y a un bien de la volonté, un bien obligatoire. C'est donc en vain que nous cherchons Dieu en dehors de nous si nous ne l'avons d'abord trouvé en nous ; et de ce que nous ne saurions l'atteindre ni par l'expérience ni par le raisonnement, il ne s'ensuit pas que nous ne puissions le saisir, car il y a en nous une certitude qui est seule indépendante, seule absolue, qui seule peut et doit survivre à la ruine de toutes nos connaissances concrètes et abstraites, c'est la certitude du devoir. Puisque nous rencontrons l'absolu dans le devoir, il est donc naturel que nous y ayons rencontré Dieu même. Avant de le chercher, nous l'avons trouvé. Nous savons qu'il y a un bien, un bien obligatoire ; si le devoir n'est pas Dieu même, il est comme la porte qui s'ouvre pour nous sur l'absolu. Il n'est pas du tout nécessaire, disait Kant, que l'on puisse démontrer l'existence de Dieu, mais il est nécessaire de s'en convaincre. Et l'on peut s'en convaincre ; on doit concevoir l'absolu comme une réalité, car on doit vouloir que le devoir soit ; autant qu'il est en nous, nous devons réaliser le bien dans nos actes. Par le fait seul que nous ferons entrer le bien dans nos actes, nous impliquerons que nous croyons qu'il est quelque chose en dehors de nous-mêmes, que l'ordre universel est disposé par une intelligence parfaite et une volonté toute bonne, type absolu de la perfection à la réalisation de laquelle nous sommes appelés. A vrai dire nous ne pouvons pas démontrer que Dieu est ; mais quand nous nous portons vers le bien avec toute notre nature, il est impossible que nous n'affirmions pas implicitement la réalité de ce bien ; d'où il résulte que nous croyons à la perpétuité de la vie dans le temps, à l'immortalité de l'âme.

Cette preuve morale de Kant ne correspond pas à la preuve religieuse de l'existence de Dieu considéré comme le législateur de la loi morale et le juge futur des êtres moraux ; car, à vrai dire, la religion chrétienne ne démontre pas de la sorte l'existence de Dieu ; elle fonde plutôt la réalité de la loi morale sur l'existence de Dieu, à laquelle elle nous invite à croire par la révélation, qu'elle ne démontre cette existence par celle de la loi morale ; mais elle correspond du moins à la connexion que le sentiment religieux établit naturellement entre la loi morale et l'existence d'un législateur de cette loi. Selon Kant, la philosophie de la religion chrétienne ne consiste pas à faire dépendre la loi morale de l'auteur de cette loi, et la loi n'est pas respectable parce que Dieu l'a établie ; même la vraie pensée du christianisme, c'est, selon Kant, que nous sommes d'abord certains, par la révélation naturelle, de la loi morale, quoique, dans l'ordre de la réalité, cette loi dépende de Dieu ; nous sommes d'abord certains de la loi morale, et ce n'est que par réflexion sur cette loi que nous nous élevons à l'idée de son auteur. Si en effet, dit-il, la religion chrétienne présentait l'existence de Dieu comme devant être acceptée d'abord avant que l'on dût croire à la réalité de la loi morale, il s'ensuivrait que cette loi serait viciée dans son principe même ; car nous ne devrions alors lui obéir que parce que Dieu l'a établie ; elle ne serait respectable qu'en fait, non en droit, ce qui est contradictoire ; ce ne peut être là la vraie pensée chrétienne. Autrement dit la connexion entre la loi morale et Dieu ne consiste pas en ce que la loi morale est comme un édit porté par Dieu, et auquel, par conséquent, nous devrions obéissance ; ce serait ôter à la loi morale toute sa valeur qui vient de ce que la volonté la trouve en elle-même, n'a pas à la demander même à Dieu. Il faudrait que la volonté, avant de s'incliner devant la loi imposée par Dieu, sût qu'il y a une loi raisonnable devant laquelle il faut s'incliner ; ce serait par ce jugement antérieur que la loi morale serait respectable, et alors la volonté obéirait, non à un édit de Dieu, mais bien à une loi immanente ; ou bien si elle s'inclinait devant la loi de Dieu sans que cette loi lui apparût comme sienne, sans la posséder en elle-même, son obéissance serait sans valeur puisqu'elle serait sans raison ; le devoir consisterait pour la volonté à s'annihiler devant quelque chose d'extérieur à elle, d'étranger. On ne peut donc pas passer de l'affirmation de l'existence de Dieu à celle de la loi morale. On ne saurait même, à proprement parler, selon Kant du moins, conclure l'existence de Dieu directement de l'existence de la loi morale. Par quel moyen la conclure en effet ? Ce ne serait toujours qu'en impliquant, dans le raisonnement qu'on ferait, que la loi morale dépend de Dieu et que sa valeur est subordonnée à l'existence de celui qui l'a établie. Suivant lui, ce n'est que par un détour que nous pouvons aller de la loi morale à Dieu, en passant par l'idée d'un progrès moral indéfini, dont la certitude est impliquée dans l'acte moral, et par celle de la liaison future de la vertu et du bonheur.

Ainsi Kant établit l'existence de Dieu, non pas comme la cause nécessaire de la loi morale, car cette loi ne peut pas avoir de cause en dehors de la volonté même, et la volonté est autonome, mais comme la cause nécessaire de l'accord qui doit exister entre la moralité et la nature. Dieu est établi comme l'auteur du milieu naturel qui comporte l'action sous cette loi, l'auteur des lois de la nature compatibles avec l'existence de l'être moral, c'est-à-dire en somme, le législateur moral de la nature. Mais, encore une fois, cette existence de Dieu, Kant ne la démontre pas ; il montre seulement que nous devons produire un certain acte dans lequel seul se rencontre pour nous l'absolu, et à l'existence duquel se rattache un besoin impérieux de notre nature, justifié du reste par la raison, qui exige l'existence d'une cause toute intelligente et toute bonne, qui a organisé la nature pour y rendre possible le développement de la moralité, et cette justice supérieure qui veut que la moralité soit entourée de bonheur.

La grandeur et l'originalité de la thèse de Kant consiste donc à faire reposer la certitude de l'existence de Dieu sur une certitude morale, à nous faire les auteurs directs de notre croyance en Dieu ; à montrer que rien ne peut, dans la production de cette croyance, remplacer l'action de notre liberté, que si nous sommes certains que Dieu est, ce ne peut être en définitive que parce que nous voulons que le bien soit, et que cela est désirer que Dieu soit, désir que la raison ne peut que trouver légitime. Ainsi Kant a eu ce grand mérite de rappeler la pensée qui cherche l'absolu, de la rappeler des choses sur elle-même.

Déjà Descartes avait montré que c'est en vain que nous essaierons d'établir l'existence de l'absolu sur aucune expérience, sur la certitude d'aucune chose extérieure à nous-mêmes, que cette certitude, nous ne pouvons la trouver que dans notre pensée, qu'en découvrant au fond de nous-mêmes l'idée de Dieu, et, au fond de l'idée de Dieu, son existence inséparable ; mais tandis que Descartes n'avait pu que faire dépendre la réalité de Dieu d'une idée, Kant a montré que non seulement aucune expérience ne peut fonder la certitude de l'existence de Dieu, mais qu'aucune idée non plus ne peut la donner. Il faut vouloir que l'absolu soit, il faut agir, faire les premiers pas ; alors la nature suivra ; un besoin s'élèvera en nous, que la raison ne pourra qu'approuver ; nous croirons en Dieu ; cette croyance sera fondée sur une nécessité morale, liée à une nécessité naturelle. On peut donc dire que Kant a complété Descartes, mais en le dépassant. L'absolu donné par l'idée de Descartes n'est pas l'absolu, puisqu'il dépend de son idée. C'est l'acte absolu, le pur acte de liberté qui seul peut engendrer la certitude de la réalité de Dieu. Kant a montré que, si Dieu existe et si Dieu est l'absolu, nous ne pouvons le savoir que par un acte absolu lui-même ou du moins à la suite d'un tel acte et par l'expérience du concours que la nature en nous lui prête.

La gloire de Kant est donc d'avoir arraché cette question de l'existence de Dieu à la spéculation pure, et d'avoir montré que la pratique seule peut y répondre. C'est par un acte absolu de la liberté qu'on pose la réalité de l'absolu. Autrement dit, ce que Kant a vraiment découvert, c'est cette vérité que l'absolu ne peut être qu'immanent à nous-mêmes, que nous ne pouvons l'atteindre qu'à condition de l'avoir d'abord posé, de l'avoir réalisé dans notre acte même. Pour mieux dire, nous ne saurions, selon Kant, atteindre l'absolu en dehors de nous qu'à condition de l'avoir d'abord atteint en nous. Dieu n'est pas, en effet, saisi directement dans l'acte moral, mais il l'est dans des actes pour lesquels l'acte moral est une condition absolue d'existence. En définitive Kant fait de l'existence de Dieu un objet de croyance, de croyance naturelle, mais consécutive à une certitude morale. Nous sommes certains du devoir et cette certitude entraîne la croyance en Dieu. Nous sommes certains du devoir, du moins nous devons en être certains ; ce n'est pas une croyance naturelle. La croyance en Dieu dérive de la certitude du devoir, et la nature y collabore. Mais nous ne pouvons pas savoir, même après l'acte moral qui contient la certitude absolue que Dieu est ; nous pouvons seulement croire, et obtenir pour cette croyance l'approbation de notre raison désintéressée.

Donc, il n'est pas exact de dire que Kant conçoit Dieu comme immanent à nous-mêmes, c'est-à-dire comme donné dans l'acte absolu auquel pour nous la vraie certitude est attachée. Dieu est toujours pour Kant l'absolu réel, l'auteur réel de l'ordre de la nature conforme aux exigences de la moralité et de la raison. Cet absolu réel, nous ne pouvons pas l'atteindre par la spéculation seule ; à la suite même de l'acte moral, nous ne le pouvons ; nous pouvons seulement, à la suite de l'acte moral, comprendre les raisons qu'il y a que Dieu soit, c'est-à-dire que l'ordre des choses soit arrangé par une cause infiniment puissante et bonne, de façon que la loi morale puisse ne pas être une chimère. Il faut qu'il y ait, au delà de ce que nous connaissons des lois de la nature, des lois plus larges, plus vraies, qui s'accordent avec ce que la raison nous dit, et aussi avec ce que nous dit le besoin de notre nature sensible, des conditions que doit remplir le milieu extérieur où doit se développer la moralité. Nous ne savons pas que Dieu est, mais il faut bien que nous le croyions, que nous espérions qu'il est, car affirmer le devoir ainsi que nous en sommes tenus, c'est concevoir que cette vie telle que nous la connaissons, avec les lois que notre intelligence en peut pénétrer, n'est pas la vraie vie réelle, qu'il y a d'autres lois de la nature qui nous sont cachées, qui assurent l'existence d'une autre vie qui est la vraie, et pourront seules résoudre les difficultés qui dans celle-ci paraissent insolubles. Comment comprendre que l'être moral soit condamné à mourir, à voir s'interrompre ce développement vers la moralité qu'il conçoit comme indéfini ? comment comprendre qu'il ne doive pas y avoir plus tard une rémunération de ces efforts vers la moralité ?

Ainsi Dieu est, selon Kant, l'auteur du véritable

ordre de la nature, ordre qui nous est, dans cette vie, profondément caché. Cette vie n'est qu'apparences, phénomènes, illusions. Dans sa Critique de la Raison pure, Kant a fait voir que ce que nous prenons pour des choses ne sont que des phénomènes, que des ensembles de manières de voir nécessaires. Donc il est permis de croire que la nature des choses, que nous ne voyons qu'à travers des voiles en quelque sorte, a été organisée de façon à permettre la réalité de la moralité, et la liaison du bonheur et de la vertu. Ainsi Dieu est plutôt le garant de cette vie future que le principe sur lequel cette vie actuelle, phénoménale repose. C'est donc bien le commentaire de la croyance religieuse que nous trouvons chez Kant. Sans doute il ne cherche pas Dieu dans la nature ; il ne le cherche dans la réalité qu'à travers nous-mêmes ; mais il le cherche encore dans une réalité transcendante. Dieu est pour lui l'être vrai, infiniment parfait, duquel dépend la possibilité de la vie véritable, de la vie éternelle.

III

Il ne saurait être question de remplacer par une autre cette preuve de Kant ; pour mieux dire, de lui substituer une preuve fondée sur un autre principe. Ce que Kant a découvert et établi reste vrai, à savoir que nous ne pouvons connaître Dieu que par le moyen de l'acte moral qui est pour nous la seule porte ouverte sur le monde divin. Mais ce n'est pas être infidèle au principe même de Kant que de chercher à rendre sa preuve, sinon plus rigoureuse, du moins plus directe, en prenant une conscience plus exacte, par l'analyse, des conditions de la preuve que l'on cherche.

Le défaut de la preuve de Kant, *si hoc dici fas est*, est d'avoir fait de l'existence de Dieu un fait qui doit être atteint en dehors de la pensée par une croyance qui n'est pas présentée comme un moment, un degré naturel de l'action par laquelle cette pensée pose elle-même Dieu en elle. D'une part, Kant ne montre pas Dieu dans l'acte même par lequel la réalité de l'absolu est posée ; d'autre part, après n'avoir pas saisi Dieu dans l'acte moral même, il ne le donne que comme la satisfaction exigée par un simple besoin de notre nature ; si bien qu'il laisse pendante cette question : doit-on croire que la nature des choses soit réellement disposée par un auteur divin selon les exigences de notre nature ? La véritable certitude de l'existence de Dieu ne peut évidemment pas consister dans une simple croyance dont le caractère rationnel, quoiqu'en dise Kant, ne saurait être absolument démontré. Il est évident, dit Kant, que le devoir est une chimère sans la perspective du progrès indéfini de notre moralité, et si nous ne croyons pas que la moralité trouvera dans l'avenir sa récompense dans le bonheur. Mais on peut se demander si, lors même que l'ordre des choses ne comporterait pas pour notre moralité un progrès indéfini, il s'ensuivrait que la loi morale est une illusion ; s'il fallait le croire, Kant aurait à tort affirmé sa valeur absolue. D'autre part, à supposer que l'avenir ne réserve pas à la vertu une récompense, en serait-elle moins pour cela absolument bonne ? On ne le voit pas davantage. Sans doute nous pouvons compter sur la bonté de Dieu, qui a disposé vraisemblablement tout pour le bonheur de l'être moral. Toutefois, on peut arriver à comprendre que le développement de la moralité n'est pas nécessairement indéfini ; que, quelque développement qu'elle prenne, elle sera toujours infiniment éloignée du terme ; on ne voit pas enfin que le besoin que l'homme invoque d'un développement indéfini de la moralité puisse fournir une base solide à la démonstration de l'existence de Dieu. Partir d'un besoin sans en démontrer la nécessité, c'est faire un Dieu contingent ; l'existence de Dien perd le caractère de vérité certaine :

elle n'est que l'objet d'une croyance précaire. Un simple besoin ne saurait suffire à justifier une certitude rationnelle ; sa valeur doit être établie par la raison. C'est faire dépendre Dieu de l'accident que de faire dépendre son existence de la présence en nous de ce besoin : rien ne prouve qu'il soit impossible de le dominer, de l'étouffer. Il se peut qu'on conçoive le développement indéfini de la moralité comme trouvant sa satisfaction dans cette vie même ; la moralité ne se conçoit en effet que comme susceptible de progrès indéfini. Il n'est pas nécessaire de faire intervenir l'existence de Dieu comme garant de la possibilité d'une autre existence ; pour que nous comprenions la nécessité de l'existence de Dieu et que nous contribuions pour notre part à poser cette nécessité, il suffit que, dans l'acte moral, nous affirmions le devoir qui s'impose à nous de préparer le développement ultérieur de notre moralité, et qu'en même temps nous sachions que cette action par laquelle nous le préparons de la sorte est possible par les lois de la nature ; de sorte que, quand bien même nous ne saurions nous assurer de la possibilité d'un développement de la moralité au delà de la mort, il ne s'en suivrait pas que nous ne pourrions croire à la réalité de Dieu ; car, en fait, dès à présent nous savons que la moralité est susceptible d'un développement indéfini, puisque, à quelque moment que nous la réalisions dans notre vie, cet acte moral par lequel nous la réalisons forme en nous-mêmes la disposition à vouloir le bien dans l'avenir ; et il est incontestable d'autre part que les conditions de la moralité sont réalisées dans le monde.

Ainsi quand bien même l'être moral pourrait arriver à se convaincre que la moralité n'a pas l'avenir devant elle au delà de la mort, Dieu resterait toujours pour lui le principe absolu auquel nous participons dans l'acte moral, et qui n'est pas seulement une pure possibilité abstraite, l'absolu incommuniqué et incommunicable, mais qui se réalise dans la nature, qui s'est manifesté en nous. Dieu n'est pas seulement l'existence de l'absolu, mais des effets de l'absolu. Il faut que, aussi dans l'acte moral, nous sachions, non pas seulement que Dieu vaut, mais que Dieu est, puisque, au moment même où nous produisons cet acte par lequel nous établissons la liberté en la soumettant à une loi, alors la liberté n'est pas affirmée en nous seulement comme devant être, mais comme étant, puisque la loi de la liberté est, dans l'acte moral, comprise comme étant la forme même de l'acte libre. De sorte que l'absolu ne vaut pas seulement pour nous dans l'acte moral, il est aussi et en même temps il devient. En effet, nous concevons dans l'acte moral même la loi morale, cette loi qui est ce par quoi nous nous représentons que la liberté doit être, c'est-à-dire que l'absolu est réel avant d'être en quelque sorte. Nous nous représentons que cette loi morale doit s'imposer à la nature en nous, incliner devant elle nos penchants. Il est impossible pour nous de produire l'acte moral autrement qu'en réalisant à la fois ces trois choses : 1° L'absolu proprement dit antérieur à l'être, ce qui ne dépend que de soi, ce qui doit être, ce dont la réalité consiste, non pas à être donné nécessairement, mais à ne dépendre que de soi ; 2° La liberté, non seulement doit être, mais est, dans l'acte moral même, parce qu'en fait nous comprenons que si elle n'était pas la subordination à l'acte moral qui est sa propre loi, elle ne serait rien ; l'absolu dans l'acte moral est nécessairement compris comme étant ; 3° Nécessairement encore il est compris comme devenant, c'est-à-dire comme existant. Etre libre n'est pas seulement être l'absolu ; l'absolu n'est pas, sa réalité ne peut pas consister dans ce qu'il est ; tant que nous sommes en présence, dans la liberté, de l'être seulement, nous sommes en présence d'une pure nécessité ; il faut, pour que la liberté soit, qu'elle fasse plus qu'être. Si l'absolu était seulement être, il serait nécessairement. Il faut donc une réalité supérieure à l'être ; cette réalité est celle qui consiste dans une détermination de l'être qui n'est donnée par rien d'extérieur à lui, par aucune nécessité, qui n'est même pas donnée par une nécessité intérieure.

Qu'est-ce que c'est donc ? C'est cette réalité que nous concevons quand nous concevons le droit d'être, c'est-à-dire le devoir d'être. Ce qui fait plus que d'être une nécessité, c'est ce qui doit être ; c'est-à-dire que Dieu ne peut pas être autre chose au fond que l'insuffisance de la nature même, de ce qui existe, à s'expliquer par soi-même, l'insuffisance même de la pure vérité à se soutenir par elle-même. Tant que la nécessité sera seule, elle ne sera pas ; pour qu'il soit nécessaire que quelque chose soit, il faut que cette nécessité soit reconnue. Mais qu'est-ce qui peut reconnaître, justifier la nécessité de cet être, sinon la valeur que la pensée reconnaît à l'acte par lequel elle s'incline devant cette nécessité même ? Quelle garantie avons-nous de savoir que quelque chose est vrai, sinon que non seulement nous sommes contraints par notre nature de l'affirmer existant, contraints par l'intuition de la vérité abstraite de cette chose de l'affirmer vraie, mais encore que nous affirmons cette nécessité même, que nous jugeons qu'elle est ce qu'elle doit être en affirmant que cette chose est vraie, que nous pensons affirmer ce qui doit être. Le principe pensant n'est pas seulement déterminé à l'affirmation ; dans cette affirmation, il se juge encore et s'approuve. Au fond de tout jugement affirmant la vérité de quelque chose, il y a approbation de l'esprit qui dans son fond se considère comme libre, et qui s'affirme non pas seulement comme existant, comme étant, mais comme devant être. L'affirmation fondamentale de la pensée est, non pas seulement que quelque chose existe, que quelque chose est vrai, ou qu'elle-même est vraie, mais qu'en elle quelque chose doit être et que c'est seulement dans l'accord de ce qui est nécessairement avec ce qui doit être que se trouve la vérité de ce qui est. C'est précisément dans l'acte moral que nous saisissons cet absolu de la pensée, en même temps absolu de l'être. En effet, cet acte consiste à ne pas affirmer simplement à titre d'abstraction quelque chose, mais en réalité. Mais affirmer que, ce qui doit être, on l'accepte, on le veut, c'est en même temps se l'imposer, c'est-à-dire l'imposer à la nature en soi. Il est impossible que nous voulions le bien si, en même temps que nous pensons que cette loi doit être, nous ne lui subordonnons pas notre nature. De même, vouloir ce qui doit être et le faire descendre en soi, modeler en soi la nature par la forme abstraite, ce qui doit être, faire descendre l'absolu, non seulement dans l'intelligence, mais dans la nature, c'est affirmer et réaliser en fait la possibilité, pour la nature en nous, d'une formation par l'idée, d'une adaptation progressive au bien, d'un progrès indéfini. Mais ce progrès, il suffit que nous comprenions que par le fait même que l'acte moral a lieu, il est ; cette malléabilité de la nature par l'acte moral est non seulement affirmée comme possible, mais est réalisée, c'est-à-dire que Dieu est ; en ce sens la nature, qui seule existe, nous apparaît, dans l'acte moral, comme soudée à l'absolu, comme lui étant intrinsèquement conforme, puisqu'il nous est possible de la modifier en l'adaptant à l'idéal. L'acte moral nous donne le rapport de l'absolu et de la nature, c'est-à-dire Dieu même.

Ainsi, il n'est pas nécessaire de passer par l'intermédiaire de la croyance en un développement indéfini. L'acte moral nous donne immédiatement le rapport de la nature à l'absolu même. Dieu, sans doute, Dieu n'est pas tout entier dans ce rapport ; mais la réalité même de Dieu nous est effectivement donnée par la possibilité de l'acte moral.

De même pour l'accord de la vertu et du bonheur. Il n'est pas démontré que la parfaite moralité exige, comporte même, la croyance à la possibilité pour elle d'une rémunération parfaitement juste ; et, quand bien même nous ne devrions pas croire à une telle rémunération, on ne voit pas pourquoi l'existence de Dieu en serait moins établie. Sans doute, nous avons l'idée de la justice qui nous porte à croire qu'il doit exister une égalité entre le mérite et la récompense. Mais ne se peut-il pas que cette idée, que la nature nous inspire, il est vrai, et à laquelle elle attache un besoin de croire à sa réalisation future, doive être corrigée par la réflexion ? Ne conçoit-on pas un sage chez lequel la raison arriverait à se persuader que c'est concevoir d'une manière imparfaite la justice, que de la voir dans une juste proportion de la perfection morale et du bonheur, du moins du bonheur en tant qu'il ne dépend pas immédiatement de la moralité ? Croire à la valeur absolue de l'acte moral, cela n'implique-t-il pas que la moralité doive se suffire par elle-même et que le seul bonheur qui ait vraiment du prix est celui qui vient d'elle, qui ne peut manquer là où elle est ? Mais, dira-t-on, ce contentement que la moralité donne et qui permet à celui qui la réalise véritablement en lui de se passer de toute autre satisfaction, de s'affranchir du besoin de bonheur extérieur venant de la nature et des circonstances, ce contentement, d'où vient qu'il résulte de la moralité comme un effet naturel ? L'idée du bien moral ne contredit nullement la possibilité de la joie morale ; et le miracle de la vie morale, le point dans lequel apparaît, comme l'a bien vu Kant, l'accord de la nature et de la moralité, c'est justement cette possibilité du contentement moral à la suite de l'acte moral. Kant (Métaphysique des mœurs, fin) déclare que le problème dernier et insoluble de la morale est d'expliquer comment il se fait que nous puissions trouver un intérêt sensible à l'obéissance à la loi morale, comment cette loi peut éveiller en nous un sentiment de respect, devenir par conséquent l'objet d'un intérêt proprement dit, comment il se fait que nous ne nous bornions pas à comprendre que la loi morale doit être obéie, mais que notre nature soit émue, et qu'il y ait un mouvement d'elle nous entraînant à l'obéissance à cette loi. Dès que la loi morale peut inspirer respect, il existe un accord entre cette nature et la loi morale même. Dans l'acte moral même est le pont jeté entre l'absolu proprement dit et l'absolu naturel, c'est-à-dire la preuve que la nature n'est pas étrangère à la moralité. Or ce sentiment est précisément ce qui fait que, l'acte moral accompli, nous éprouvons satisfaction. C'est en vertu de la même disposition de notre nature, qu'avant l'acte moral, nous nous sentons portés à vouloir la moralité, et, qu'après l'action, nous en éprouvons une satisfaction. Ce contentement moral qui n'est pas le bonheur, mais qui permet de s'en passer, dérive de la même source que le respect.

Ainsi nous comprenons, d'une part, que la moralité doit être libre, d'autre part, qu'elle a des conditions de sa possibilité, c'est-à-dire que, par le fait même que c'est au cours de notre existence que la moralité se produit en nous, la moralité est donnée dans la nature ; son apparition se trouve liée à un sentiment de respect ; c'est-à-dire que la loi morale, donnée en elle-même, l'est aussi dans la nature, puisque cette nature comporte un sentiment à l'égard de cette loi avant et après l'acte moral.

Ainsi dans l'acte moral nous saisissons la réalité de Dieu. Nous ne pouvons déduire *a priori* la possibilité que la nature en nous s'intéresse à la loi morale, si cette nature nous la considérons sans lien avec la moralité, avec l'absolu. En fait nous constatons une harmonie entre cette nature et la moralité (sentiment de respect, contentement moral) ; nous comprenons, dis-je, qu'il serait impossible d'expliquer cet accord si nous devions considérer la nature comme existant indépendamment de la moralité ; si au contraire nous la considérons comme résultant de l'action de l'absolu, tout s'explique. Ainsi, quand bien même nous ne concevrions pas la nécessité d'une exacte rémunération sous la forme du bonheur, nous ne serions pas moins fondés encore à affirmer l'existence de Dieu, c'est-à-dire, à affirmer que Dieu n'est pas seulement l'absolu supérieur à l'être même, mais qu'il existe. Nous en trouvons la preuve dans ce fait que la nature s'intéresse à la moralité et que nous pouvons trouver dans le contentement moral de quoi nous passer du bonheur. Or il semble bien que considérer les choses ainsi est non seulement possible, mais nécessaire.

Dans la pensée de Kant sur ce point, il reste de l'obscurité. Toutes les fois qu'on s'est efforcé de déterminer les conditions de l'accord futur de la moralité et du bonheur, on s'est heurté à des obstacles insurmontables. Kant prétend nous donner la philosophie du Christianisme. Mais est-ce de toutes les formes du Christianisme ? La religion catholique, par exemple, admet-elle la possibilité d'un développement moral indéfini ? Nous ne le croyons pas. Dans le dogme catholique, l'avenir ouvert aux âmes consiste, non dans un progrès indéfini de la moralité, mais dans un état définitif auquel toutes les âmes sont appelées et qui sera pour les unes un état éternellement heureux, pour les autres un état éternellement malheureux, et, comme intermédiaire entre l'état actuel et celui des âmes éternellement heureuses, le purgatoire. Mais c'est plutôt, à ce qu'il semble, comme châtiment ou comme récompense que l'autre vie est présentée par le dogme chrétien, que comme épreuve pour la moralité. Il semble au contraire que Kant ne conçoive pas l'autre vie autrement que comme un développement indéfini de la moralité. Ces deux points de vue sont irréductibles. Or si Kant ne présume pas, au terme de l'évolution de la moralité, un état absolument définitif, le paradis de la religion, on ne voit pas comment il peut parler d'un accord parfait de la vertu et du bonheur, accord qui, suivant lui, serait le fondement de la croyance en l'existence de Dieu. D'autre part le bonheur, s'il pouvait être réalisé, anéantirait la moralité. Etre parfaitement heureux, ce serait échapper à la nécessité de la lutte ; mais là où il n'y a plus lutte, il n'y a plus moralité. Il semble bien qu'il faille choisir entre les deux thèses que Kant a associées : celle d'un avenir indéfini, et celle d'une parfaite rémunération ; ceci en effet exclut cela. C'est alors que nous serions dupes d'une illusion si la vertu ne devait pas toujours consister dans l'acceptation de la souffrance. S'ensuit-il que nous n'avons pas lieu de croire à l'existence de Dieu, parce que nous ne pouvons concevoir que l'état parfaitement heureux ait de la valeur ? Non. Au contraire l'existence de Dieu est montrée par ce fait même que nous sommes capables d'accepter notre situation, et de trouver là même un contentement. Dieu est cette puissance absolue du bien qui fait qu'à chaque instant l'acte moral est possible pour l'être qui en comprend la valeur, qu'il est possible d'accepter la vie quelle qu'elle soit et de la trouver encore heureuse.

Ainsi nous croyons qu'il est possible de donner aux preuves de Kant une portée plus directe, d'atteindre Dieu directement dans l'acte moral, sans passer par les intermédiaires, c'est-à-dire par la nécessité; d'atteindre Dieu, non comme un principe extérieur ayant organisé la nature en vue de l'accord de la moralité et du bonheur, mais comme le principe immanent du bien, que nous atteignons dans l'acte moral, et qui s'accorde avec la nature puisque cette nature est son œuvre, cette nature que la moralité a pour fonction de dominer, de pétrir.

IV

Il nous reste à établir directement ce qui paraît être la véritable preuve morale de la réalité de Dieu ; et cela ne peut être fait qu'à la condition de relier cette preuve à toutes les autres, et de montrer que c'est en elle qu'elles trouvent leur achèvement.

Nous avons vu que le terme « preuve morale de l'existence de Dieu » a plusieurs sens : 1° simple appel au sentiment, 2° preuve de Kant fondée sur le fait de l'existence de la loi morale en nous. Mais nous avons vu que cette preuve de Kant n'était pas suffisamment directe, qu'elle reposait sur des postulats, c'est-à-dire sur des exigences de la raison et sur des besoins de la nature, et que, par conséquent, elle les présupposait ; que Dieu n'était pas atteint directement par la réflexion sur l'acte même de la pensée, sur les conditions de la pensée ; que le lien qui rattache Dieu à la réalité et à la pensée n'est pas encore tellement étroit dans cette preuve que l'on ne puisse encore concevoir l'une et l'autre sans lui. La véritable preuve morale est une preuve qui résulte de la réflexion de la pensée sur elle-même en vue de se comprendre, de comprendre les nécessités auxquelles elle obéit quand elle essaye de démontrer l'existence de Dieu, et les obstacles qu'elle ne peut surmonter dans cette démonstration. Il s'agit de trouver Dieu dans la pensée même, dans l'impossibilité même de prouver son existence en dehors de la pensée, mais dans cette impossibilité jointe à la nécessité morale pour la pensée d'affirmer quelque chose de plus que ce dont elle peut saisir la nécessité. Cette preuve que nous cherchons est à la fois une preuve morale et une preuve métaphysique, j'entends celle par laquelle la pensée s'élève absolument au-dessus de toute nature, même la sienne, et trouve le surnaturel dans l'impossibilité même de se contenter de l'affirmation de la nature.

Kant, dans sa critique des preuves de l'existence de Dieu, en particulier de la preuve ontologique, établit l'impossibilité de faire sortir l'existence de Dieu de sa seule idée. L'existence, dit-il, n'est pas un attribut, quelque chose qui s'ajoute à l'essence de l'être auquel elle appartient ; par conséquent on ne peut pas conclure de ce qu'une essence est infinie que l'objet de cet essence existe. Mais Kant conclut de là que la démonstration de l'existence de Dieu est impossible ; il n'en conclut pas, comme il semble qu'il devrait conclure, que démontrer cette existence n'a en réalité aucun sens, qu'il est déraisonnable de le vouloir parce que la réalité de Dieu ne saurait consister dans une existence. Il laisse supposer que l'idéal de la connaissance de Dieu serait de percevoir Dieu comme existant ; car les seuls êtres connus comme existants sont ceux que nous percevons. Après nous avoir ôté l'espoir de démontrer l'existence de Dieu, Kant ne nous ôte pas le désir de l'atteindre. Mais c'est là, semble-t-il, ce qu'il faut faire pour établir vraiment dans la pensée, ainsi que Kant juge que cela est très nécessaire, la conviction de la réalité de Dieu. Il faut se convaincre que ce n'est pas de l'existence de Dieu qu'il s'agit d'être certain, car il est contradictoire que Dieu puisse exister. En effet, qu'est-ce que l'existence ? Quelque chose qui existe, est-ce simplement quelque chose dont nous avons l'idée ? Non, car, à ce compte, une chimère existerait. Ce qui existe, c'est ce qui, non seulement est conçu, mais est objet de perception, c'est-à-dire ce que nous sommes déterminés accidentellement à affirmer par un ensemble de sensations qui nous affectent : voilà l'existence. Il est vrai que nous parlons aussi de l'existence de la vérité comme telle. Mais le terme d'existence ici n'est pas employé à propos, et nous hésitons à dire qu'une vérité existe. Nous disons qu'une chose est vraie, et non que la vérité d'une chose existe. Cependant cette vérité est bien quelque chose qui ne dépend pas du caprice de notre imagination. Et même cette sorte d'existence nous paraît indépendante de la perception par laquelle nous constatons l'existence proprement dite.

Il y a donc lieu de distinguer entre l'espèce d'existence que nous accordons aux vérités et celle que nous accordons aux choses. C'est dans ce dernier cas que nous pouvons parler à juste titre d'existence. C'est des choses seulement que l'existence se dit au sens propre. Dans le premier cas, quand il s'agit d'une vérité, l'existence signifie l'être ; c'est en effet le mot être qui signifie existence en ce sens. Quand nous disons par exemple que l'homme est un animal, nous entendons que cette vérité a son expression directe dans le verbe être, qui exprime l'acte de la pensée par lequel la vérité est saisie. L'homme est un animal, cela signifie qu'il y a quelque chose qui a une réalité supérieure à l'animal en question, à savoir qu'il est vrai, nécessairement vrai, que l'homme est un animal, que cela s'impose universellement à la pensée, que la pensée particulière conçoit que cette vérité devrait s'imposer à toute pensée. Exister en ce sens, c'est donc plutôt être qu'exister ; et être signifie : être l'objet d'une affirmation nécessaire qui porte sa justification en elle-même ; autrement dit c'est être intelligible. Exister, c'est être supposé intelligible et être perçu : être, c'est être entendu, saisi comme intelligible, et en même temps supposé susceptible d'être perçu, du moins d'être rattaché à des perceptions ; car nous ne pouvons concevoir des vérités sans supposer que nous puissions être affectés de quelque façon par la chose vraie.

Peut-on dire et doit-on chercher à établir que Dieu existe ou que Dieu est ? Mais cela est impossible. Pourquoi en effet cherchons-nous à atteindre Dieu ? C'est parce que nous ne trouvons pas que l'existence soit un objet suffisant de la pensée, que la pensée puisse jamais se satisfaire dans les affirmations de la seule existence. Qu'est-ce en effet que l'affirmation de l'existence ? C'est l'affirmation de quelque chose qui n'est pas contenu dans une idée, qui n'est pas intelligible, que nous saisissons seulement parce nous en sommes affectés, parce que nous le sentons, par conséquent de l'affirmation de quoi nous ne trouvons jamais une raison suffisante. C'est parce que l'existence est essentiellement contingente, est dans la pensée ce qu'elle ne peut s'expliquer comme résultant de ce qu'elle comprend, c'est parce que l'existence est telle, qu'elle ne satisfait pas l'esprit. Si donc Dieu existait, à vrai dire il ne serait pas, ou plutôt la pensée ne pourrait l'affirmer véritablement en tant qu'existant. L'objet de la pensée, c'est en effet le nécessaire ; mais aucune existence n'apparaît comme nécessaire, et c'est pour cela que la pensée s'évertue à déduire l'existence, c'est-à-dire le contingent, du nécessaire. Les arguments cosmologiques (fondés sur le fait de l'existence du monde extérieur), et les arguments ontologiques, ont précisément pour objet d'établir l'existence sur la nécessité, c'est-à-dire sur l'être. Nous savons comment la pensée procède dans cet effort. Tous les arguments physiques et intellectuels ont pour raison d'être le besoin qui s'impose à la pensée de fonder l'existence réelle des choses sensibles en établissant un lien qui la rattache à la nécessité, et cela en découvrant ce qui est par soi absolument intelligible et par suite nécessaire. Mais puisque l'existence ne saurait être l'objet satisfaisant de la pensée, il en résulte que ce n'est pas l'existence à proprement parler qui convient à Dieu. Dire que Dieu existe ce serait lui accorder la même réalité qu'à un objet quelconque des sens, une réalité inférieure, égale à celle qui appartient aux objets proprement dits de la pensée.

Devons-nous dire maintenant que ce qui convient à Dieu, c'est l'être, c'est-à-dire qu'il s'agit d'atteindre Dieu comme une vérité nécessaire ? Mais cela est impossible, car, cet être de la nécessité, la pensée ne saurait s'en contenter, pas plus que de l'existence. En effet, d'une part, quand la pensée cherche à justifier à ses propres yeux une vérité qu'elle saisit, elle ne se résigne pas à la considérer comme ayant une valeur indépendamment de l'existence sensible à laquelle elle peut être liée ; croire à la nécessité des vérités de la géométrie et ne pas croire que cette vérité a quelque rapport avec l'existence sensible est impossible à la pensée. Ce qui est vrai, c'est, sans doute, ce qui est conçu nécessairement ; mais c'est aussi ce dont il est possible de vérifier par une approximation indéfinie la conformité avec les données de l'existence sensible. Donc la vérité, c'est-à-dire l'être, ne se suffit pas à soi-même, ne s'entend que relativement au contingent, au sensible. Nous avons vu que l'existence sensible n'est pas un objet suffisant de la pensée ; donc l'être non plus n'en est pas un, puisqu'il dépend de cet autre objet insuffisant lui-même.

Du reste il y a d'autres raisons. Nous avons paru accorder que la pensée pouvait trouver l'être véritable, c'est-à-dire la nécessité absolue, le parfait intelligible. Mais cela est impossible. En effet, quelque nécessaire que soit une vérité qui se propose ou même s'impose à la pensée, du moment qu'elle l'affirme vraie elle s'en sépare, s'oppose à elle, se considère par conséquent comme ne s'absorbant pas tout entière en cette vérité, comme n'étant pas d'une nature identique à la sienne, pour mieux dire comme étant quelque chose de plus que tout ce qui a une nature. Si je considère quelque chose comme nécessairement vrai, c'est que je ne subis pas seulement, en présence de cette chose, une contrainte, mais que je conçois, que j'accepte, que je comprends qu'il y a pour moi des raisons d'affirmer la nécessité de cette chose. Autrement dit, la vérité dans l'affirmation de laquelle la pensée peut se reposer complètement ne saurait s'imposer à elle par une nécessité pure et simple ; il faut encore qu'elle se fasse accepter d'elle ; c'est-à-dire qu'il y a contradiction dans les termes à dire que l'être, la nécessité, se suffise à soi-même, et puisse être réellement atteint, saisi par la pensée. Ce qu'il faudrait à la pensée pour se déclarer satisfaite, ce serait une nécessité absolue ; mais cette idée même d'une nécessité absolue est contradictoire, car une nécessité absolue serait une nécessité qui ne dépendrait de rien, par conséquent qui subsisterait indépendamment de la pensée, par conséquent qui s'imposerait à la pensée, l'anéantirait ; la pensée ne peut donc chercher une nécessité qui ne dépendrait de rien. Pour mieux dire, la seule nécessité dans laquelle la pensée puisse se trouver satisfaite n'est pas une nécessité extérieure à elle, car ce ne serait pas une nécessité. De deux choses l'une : ou bien la pensée n'existe plus, et dans ce cas il est clair que rien n'est affirmé comme nécessaire ; ou bien si elle subsiste en face de ce qu'elle reconnaît comme nécessaire, c'est qu'il y a encore deux termes en présence ; par conséquent il n'y a pas ici l'absolu, la nécessité absolue. Quelque nécessaire qu'apparaisse à la pensée une vérité, elle ne pourra jamais lui apparaître absolument nécessaire, car si elle pense elle pourra toujours se demander pourquoi il faut que la nécessité en question soit reconnue par elle comme absolue ; et, par le fait même qu'elle se demande cela, cette nécessité cessera d'être absolue. Autrement dit, si une nécessité absolue pouvait être saisie par la pensée, elle ne le pourrait jamais que dans l'action même par laquelle elle la saisit et non dans l'objet de cette action, car, en face de cet objet, la pensée pourrait toujours se demander pourquoi elle le reconnaît nécessaire. Autrement dit la pensée suppose une action, est une action, et l'idée d'action n'est pas épuisée par l'idée de nécessité. Jamais la nécessité ne peut expliquer la pensée, car, penser, c'est justement reconnaître la nécessité, c'est s'approuver soi-même de l'affirmer.

Donc ce qui convient à Dieu ce ne peut pas être plus l'être que l'existence, c'est-à-dire que sa réalité ne peut pas plus consister dans la pure nécessité que dans la pure contingence. Par conséquent, elle ne consiste pas dans la pure addition de l'une à l'autre ; Dieu ne peut être considéré comme un être auquel conviendrait à la fois l'existence et l'être. En effet, comme nous l'avons vu, la pensée doit chercher dans l'être, c'est-à-dire dans la nécessité, le fondement de l'existence ; c'est donc qu'elle a besoin, pour se contenter de l'existence, pour considérer l'existence comme réelle, de la comprendre, d'y voir la nécessité ; mais l'y trouver complètement est chose impossible, avons-nous vu. L'impossibilité de trouver la justification de la nécessité dans la nécessité même, écarte la possibilité de considérer Dieu comme donné par la synthèse de l'existence sensible et de l'être intelligible, du contingent et du nécessaire.

En d'autres termes, ce qui fait la nécessité pour la pensée de s'élever vers Dieu, de le chercher, c'est d'abord que la constatation de l'existence de fait, de l'existence sensible, ne saurait jamais pour elle être complète ; de là la nécessité de chercher la garantie de l'existence dans l'être, c'est-à-dire dans l'intelligible, dans le nécessaire. Mais, ici, même difficulté : jamais la pensée ne peut trouver sa complète satisfaction dans la simple intuition de la nécessité. Nous avons vu pourquoi ; la raison en revient en somme à dire que saisir, apercevoir la nécessité, ce n'est jamais pour la pensée qu'un fait, auquel, au moment où elle agit, elle considère qu'elle ne peut pas se soustraire. Mais, en affirmant la nécessité, il me reste toujours possible de me demander si, de ce que je suis obligé de l'affirmer, il résulte que cela est ; la pensée ne peut s'empêcher, quand elle affirme la nécessité, de douter si de ce qu'elle ne peut faire autrement que d'affirmer, il s'ensuit que ce qu'elle affirme est véritablement. En fait nous avons vu que jamais la pensée n'est rivée à l'affirmation du nécessaire. La pensée libre se lève aussitôt contre elle-même, et se demande si, parce qu'elle est contrainte d'affirmer, il en est vraiment ainsi dans la réalité. Autrement dit, la pensée quand elle affirme la nécessité peut toujours s'empêcher de s'attacher passivement à cette nécessité, d'y céder purement et simplement ; elle peut toujours se demander s'il n'est pas seulement possible, mais légitime et obligatoire pour elle, de se soustraire à cette nécessité, enfin se demander si, en la subissant, elle ne se méprend pas sur sa valeur, sur sa portée. Autrement dit encore, une question est toujours ouverte pour la pensée, savoir si elle affirme légitimement le nécessaire, savoir quelle est sa propre valeur à elle dans la connaissance.

C'est cette question que Descartes veut résoudre par la démonstration de l'existence de Dieu. Mais cette démonstration n'est-elle pas dans l'impossibilité même pour la pensée de se démontrer jamais à elle-même sa valeur ?

Pour établir la preuve directe absolue de Dieu, nous nous sommes demandé tout d'abord ce que c'est que l'existence et si on peut en effet l'attribuer à Dieu. Or nous avons vu que l'existence se dit en deux sens : 1° Existence proprement dite ; existe ce qui affecte les sens et est regardé comme intelligible. Si Dieu existait ainsi, il ne serait pas, il ne pourrait pas savoir lui-même qu'il existe. En effet, se connaître existant, ce serait se connaître comme consistant réellement dans l'existence, dans le fait de tomber sous les sens, c'est-à-dire d'être saisi par le dehors, ce qui, par hypothèse, ne peut être la nature de Dieu, puisque c'est parce que jamais cette connaissance de l'existence sensible n'est satisfaite que nous cherchons la réalité vraie au delà ; 2° Etre des vérités, être abstrait. Dieu ne serait alors qu'une pure nécessité, c'est-à-dire une pure abstraction. Avoir l'être d'une pure abstraction, ce n'est pas être réel. Si nous cherchons Dieu, c'est parce que l'être des abstractions ne saurait nous suffire, c'est-à-dire que, quel que soit l'acte de pensée par lequel nous cherchons à atteindre la réalité, nous ne trouvons jamais la garantie de la valeur de cet acte dans le phénomène d'une expérience sensible ; la réalité que nous cherchons n'est pas celle que paraît contenir l'expérience. Ce n'est pas non plus celle que contient l'intellection pure. L'expérience en effet, a besoin d'être confirmée par l'intellection parce qu'elle ne saurait jamais être complète, et que, le fût-elle, elle serait extérieure à l'esprit. L'addition du contingent à du contingent ne suffit pas ; l'addition du nécessaire à du nécessaire non plus. Pourquoi la pensée proclamerait-elle la réalité véritable comme la nécessité? Comment la pensée échapperait-elle à la possibilité et même au devoir de se demander si elle-même, dans l'acte par lequel elle subit la nécessité, elle fait ce qu'elle doit ; si, en tant qu'elle saisit les choses sous l'aspect de la nécessité, elle cède à une force étrangère, aveugle, purement accidentelle, sans rapport à la réalité ; ou si au contraire elle va dans le sens de la réalité, si elle est faite, elle-même pensée, pour saisir la réalité? La pensée ne peut se reposer dans la possession de la pure nécessité, car dans cet état il lui restera toujours à se demander si elle pense véritablement, ce que vaut l'adhésion qu'elle donne, si la pensée subit simplement ou si elle-même constitue la réalité. Nous ne pouvons jamais, quelque effort que nous fassions, atteindre la réalité autrement qu'en ajoutant, à cette affirmation que nous sommes déterminés par nos sens à penser activement, à cette autre ensuite que nous comprenons, que nous voyons nécessairement ce que nous affirmons, que si nous ajoutons à ces deux affirmations (existence, être) une troisième, celle de la valeur de l'acte par lequel nous affirmons l'être nécessaire de cette chose qui nous frappe, la valeur de cet acte, c'est-à-dire nous affirmons que notre pensée ne se trompe pas, saisit bien la chose telle qu'elle est en se la formulant comme elle se la formule. Mais cette affirmation de la valeur d'une pensée particulière en implique une autre, l'affirmation de la valeur de la pensée elle-même, l'affirmation que, non seulement, dans le cas actuel, la pensée fait d'elle-même un bon usage, que non seulement cette pensée particulière vaut, mais que ce cas particulier entre dans un cas général, pour mieux dire universel, dont il n'est qu'une détermination momentanée. L'affirmation fondamentale de toute pensée est celle de sa valeur ; même c'est cette affirmation que non seulement dans le cas présent elle fait un bon usage de sa nature de pensée, c'est-à-dire de ces formes auxquelles dans l'acte de la connaissance elle réduit ou cherche à réduire les données sensibles (formes qui se ramènent à celle de la nécessité), mais encore que ces formes auxquelles, dans la connaissance, elle cherche à réduire le plus parfaitement les données sensibles, ont une valeur absolue. La preuve que Descartes cherche à établir par l'idée de l'être parfait pour fonder la certitude de la valeur de la connaissance humaine, qu'est-ce autre chose qu'un effort de la raison pour justifier la nature de cette pensée, de même que pour amener cette pensée à se convaincre elle-même que quand elle fait son œuvre de pensée (c'est-à-dire réduire les données sensibles à la nécessité) à se convaincre qu'alors elle va dans le sens de la réalité ? Ainsi la réalité que la pensée cherche ne lui est pas donnée dans l'existence, dans le contingent ; c'est pour cela qu'elle la cherche dans l'être, dans la nécessité. Mais elle n'est pas là non plus. Car il s'agit pour elle de savoir si cette détermination qu'elle a à chercher la réalité des choses contingentes dans la nécessité de la loi, c'est-à-dire dans leur être, si cette détermination répond à la réalité, si elle a une valeur, ou si elle n'est qu'un phénomène. Ou bien tendre à tout réduire à la nécessité est simplement, pour la pensée, céder à sa nature, et alors quelle garantie pour elle que la réalité soit là ? Ou bien cette détermination n'est pas seulement une détermination de fait, et la pensée peut comprendre que non seulement elle est, mais qu'elle doit être, c'est-à-dire que c'est la même chose pour elle de se poser, ce qu'elle fait toujours implicitement quand elle fait quoi que ce soit, et de se poser la nécessité d'une loi, et ensuite de chercher à réduire à la nécessité de cette loi tout ce qui n'est pas elle. La réalité absolue que nous cherchons n'est donc ni l'existence ni l'être, c'est la valeur. Ce qu'il y a de vrai dans une connaissance particulière, expérimentale, ce qui en elle exprime la réalité, ce n'est pas le fait qu'elle est intelligible, encore bien moins le fait qu'elle répond à une sensation ; c'est que la pensée a bien usé d'elle-même en interprétant ce qui l'a affectée ; c'est aussi et surtout que cet acte par lequel la pensée cherche à réduire les choses à elle-même, à la nécessité, a par lui-même une valeur absolue, valeur que la pensée peut comprendre.

Mais que signifie cette valeur ? qu'est-ce que cette réalité des choses ou des pensées que nous appelons leur valeur ? c'est une réalité que nous ne sommes jamais déterminés à affirmer par le simple fait de notre nature sensible (1er point). Ainsi pourquoi considérons-nous un acte de dévouement comme ayant une réalité supérieure à celle que possède un acte d'égoïsme ? En quoi consiste cette réalité supérieure ? L'acte d'égoïsme existe, il est tombé sous les sens ; cette réalité, il la possède au même titre que l'acte de dévouement ; l'un et l'autre sont dans la nature. Il y a encore une autre réalité qu'ils possèdent tous deux, c'est qu'ils sont intelligibles, comportent une explication ; et l'idéal de la connaissance de ces actes, c'est de montrer qu'ils sont arrivés nécessairement. Cette réalité supérieure de l'un des deux ne consiste donc pas dans la réalité intelligible ; elle consiste en ce que cet acte soutient avec la liberté un certain rapport que l'autre ne soutient pas ; elle consiste dans une réalité qu'il ne possède que parce que la liberté la lui attache ; l'acte de dévouement vaut, l'acte d'égoïsme ne vaut pas ; valoir c'est être, être réel, pour la liberté. Si on pouvait prouver absolument la nécessité de l'acte de dévouement, en tant qu'acte de dévouement, il ne serait plus rien ; toute sa valeur consiste dans quelque chose qui lui est ajouté par la liberté seule et qu'il n'aurait pas eu en tant qu'acte purement intelligible, ni non plus, bien entendu, en tant qu'acte purement sensible. Un acte auquel on serait purement porté par la nature, qui n'aurait que l'apparence d'un acte de dévouement, n'aurait pas de valeur ; si nous sommes déterminés à un acte par notre nature ou notre raison, il lui manqne cette réalité supérieure que la liberté seule peut lui donner.

Il y a donc un ordre supérieur de réalité qui ne consiste ni à exister ni même à être. Car exister c'est pouvoir ne pas être, et être c'est être nécessaire, et cela n'est pas non plus être véritablement. A tous les degrés de la pensée, la valeur est vraiment la réalité que la pensée affirme. Quand nous croyons voir quelque chose comme existant réellement (prenons pour exemple ce cahier), en quoi, à proprement parler, sa réalité consiste-t-elle pour nous ? Est-ce en ce qu'il nous affecte ? non ; nous cherchons à déterminer ce qu'il est pour tout le monde ; nous pensons que la meilleure manière pour nous de le concevoir, c'est de le concevoir en ce qu'il est véritablement ; cela consiste à le concevoir dans sa nécessité. Mais la nécessité n'est jamais simplement aperçue dans la chose ; elle est reconnue, approuvée par la pensée.

Au fond, ce que nous affirmons comme réel dans un acte de pensée, qu'il s'agisse d'une connaissance proprement dite ou d'un sentiment ou d'une volonté, ce que nous affirmons comme réel, ce n'est pas du tout l'affection que la chose nous donne, ni même simplement la résultante intellectuelle de cette secousse, c'est ce que nous jugeons qui est dans la chose quand nous la connaissons comme nous devons la connaître, c'est la meilleure manière pour la pensée de connaître la chose, c'est-à-dire que c'est, pourrait-on dire, le rapport de la chose à la pensée dans son principe qui est la liberté. Car, puisqu'à quelque degré que nous nous placions dans la pensée, si nous voulons la comprendre vraiment il faut toujours que nous en reconnaissions le centre dans l'acte par lequel nous jugeons que l'interprétation de la chose donnée est la vraie, et que notre nature pensante, dont nous nous servons dans cette interprétation, est aussi la vraie, il en résulte que la réalité de la chose est ce que nous pensons qu'est le vrai rapport de la chose à la liberté. Les formes de la pensée à travers lesquelles nous voyons les choses n'ont de réalité pour nous qu'autant que nous comprenons qu'elles sont ce qu'elles doivent être. De ce que la liberté existe, il résulte que voir les choses à travers ces formes, les réduire au mécanisme des lois, c'est les voir telles qu'elles sont véritablement, et que les voir comme elles sont, c'est les voir dans leurs rapports avec la liberté, dans leur valeur.

Ainsi la réalité absolue que nous cherchons, la seule qui convient à Dieu, n'est ni l'existence ni l'être, car dans l'existence et dans l'être, ce qui est réellement ce n'est pas la contingence, ni la nécessité, c'est la valeur ; c'est-à-dire que dans une pensée quelconque, ce qui en fait la réalité, ce qui y est objectif, ce n'est pas le contenu matériel de cette pensée, ni sa forme intelligible, ni l'application de ceci à cela, mais la convenance de l'une et de l'autre ; c'est la convenance de ma nature pensante à ce que je pense actuellement, mais aussi et surtout ceci, que si la chose m'est donnée comme elle l'est, si ma nature pensante m'est aussi imposée comme elle s'impose à moi, c'est que l'une et l'autre dérivent de la liberté, c'est-à-dire ont une valeur, sont ce qu'elles doivent être, étant donné qu'il faut que quelque chose soit.

Kant cherche à établir l'existence de Dieu sur le fait du devoir. Mais Dieu est comme une nature extérieure encore à l'action morale. Au contraire, le Dieu que nous cherchons, c'est dans la pensée même que nous le trouvons, dans l'acte même de la pensée, c'est-à-dire que, par le fait seul que nous pensons quelque chose, que nous croyons qu'il y a quelque chose, nous affirmons Dieu. Démontrer l'existence de Dieu est impossible en un sens, mais il y a impossibilité, pour la pensée, de se justifier elle-même à ses propres yeux si elle ne pose Dieu. Nous avons beau expérimenter sur les choses, nous ne savons pas si elles sont, si nous n'allons pas à la nécessité. De même, pour la nécessité, il faut affirmer que l'acte par lequel nous la saisissons dans les choses est ce qu'il doit être, que le fait que nous la subissons n'est que le résultat d'un acte absolu par lequel la pensée a posé cette nécessité que nous subissons maintenant. Pour un esprit qui se refuse à admettre la valeur de la nature pensante, de ses formes nécessaires, rien n'existe véritablement. Or c'est précisément refuser toute valeur à ces formes, c'est par conséquent résoudre toute la connaissance qui en dérive à une pure fantasmagorie, que de ne pas considérer ces formes comme ayant leur source dans un acte absolu qui les a constituées en même temps que la nature même des choses. Kant accorde qu'il y a une certitude expérimentale, qui est celle des connaissances d'expérience et qui se suffit à elle-même. Ce n'est point de la légitimité d'une telle connaissance qu'il conclut l'existence de Dieu ; il croit qu'on ne peut l'atteindre par cette voie ; mais Kant ne voit pas que reconnaître une telle valeur à l'expérience est chose impossible, si on ne reconnaît pas déjà une valeur à l'acte moral. Autrement dit il n'y a pas en nous deux Raisons. Il n'y a pas une façon de chercher ce que sont les choses et une façon de chercher ce que nous devons être. Chercher ce que les choses sont, c'est savoir si la nécessité même dans laquelle on les résout est la vérité de ces choses, c'est-à-dire si la nécessité à laquelle cède la pensée vient d'elle, si elle résulte de ce qu'il y a en elle d'absolu, si elle découle de la liberté. En présence du monde sensible, il faut choisir entre les deux termes d'un dilemme : ou bien la pensée vaut, ou bien il n'y a rien et tout est illusion, car le monde sensible est pure contingence, relativité, et ce qui peut y être reconnu, c'est la nécessité ; mais cette nécessité nous ne l'y découvrons jamais, nous la postulons.

L'atteignons-nous au moins en nous-mêmes ? Non, car la pensée lui peut toujours demander ses titres. Donc, ou bien l'esprit arrive à reconnaître, quand il demande à chacune de ses affirmations ses titres, que nulle part il n'en trouve de suffisantes, et cette conclusion s'impose : il n'y a rien ; ou bien la pensée s'engage dans l'autre voie, accepte l'autre affirmation : il y a quelque chose, c'est-à-dire je veux qu'il y ait quelque chose. Supposons en effet Dieu même se posant cette question en présence de l'Univers qu'il aurait créé, et de lui-même qui se serait créé : Y a-t-il quelque chose ? Il ne pourrait trouver à cette question aucune réponse par l'expérience ou la logique. Cette question signifierait : Dois-je considérer que l'Univers et moi-même sommes quelque chose ? Mais cela ne veut pas dire qu'il s'impose à moi nécessairement, mais qu'il vaut quelque chose, c'est-à-dire que je dois l'affirmer, que je lui confère en l'affirmant la réalité qu'il doit avoir. Dieu n'existerait pas si, par un acte absolu de liberté, il ne proclamait sa propre réalité. L'être ne peut jamais être saisi par le dehors, subi soit par la voie des sens soit par celle de l'intuition. Si quelque chose est, c'est que la pensée veut que quelque chose soit.

Mais pourquoi le veut-elle ? Il faut que la source de tout être soit dans cet acte par lequel la pensée établit qu'il doit y avoir quelque chose. Autrement dit la source de l'intelligence ne peut être dans l'entendement, qui reconnaît la nécessité, mais dans le pouvoir d'affirmer ce qui doit être. Mais avant d'affirmer ce qui doit être, il faut bien être, il faut que cette liberté, qui fait d'elle-même cet usage d'affirmer ce qui doit être, soit auparavant quelque chose ? Sans doute. Cela signifie qu'il faut qu'au moment même où la liberté pose ce qui doit être, elle se conçoive comme étant. Mais cet être qu'elle possède n'est pas antérieur à l'acte par lequel elle pose ce qui doit être. Le temps n'a rien à faire ici, *non est hic locus*. De ce que nous ne pouvons pas considérer ce pur acte de liberté à moins de lui attribuer l'existence, c'est-à-dire de le considérer comme étant quelque chose, il ne s'ensuit pas que cette existence, ou cet être, lui soit antérieur. Logiquement, en effet, c'est l'acte qui est antérieur à sa forme, c'est-à-dire à son être et à son objet, c'est-à-dire à sa nature.

Nous nous sommes demandé si c'était bien l'existence qu'il peut être question d'attribuer à Dieu ; nous avons vu que non ; nous avons vu aussi que ce ne peut pas être l'être, mais que l'existence et l'être ne sont que deux modes de réalité inférieurs qui ne sauraient être atteints qu'au moyen d'un autre. L'existence et l'être dépendent d'une réalité supérieure que nous avons appelée la valeur ou le droit ; c'est celle qui résulte immédiatement de la Liberté, c'est-à-dire qui n'est fondée sur aucune nécessité, car toute nécessité est seconde, relative, par conséquent ne saurait constituer une réalité proprement dite. Nous concevons un mode de réalité supérieur sans lequel les deux autres ne seraient pas. C'est-à-dire qu'affirmer que quelque chose existe, ce n'est pas seulement affirmer l'être auquel cette chose se rattache, c'est-à-dire une nécessité dont elle dépend et qui lui permet de s'offrir à nos sens, c'est encore et d'abord affirmer que quelque chose doit être, c'est-à-dire a une valeur et trouve dans cette valeur la raison suffisante d'être affirmée réelle. Que ce soit quelque chose que d'avoir cette réalité, c'est ce dont nous ne saurions douter. Nous ne pouvons retirer toute réalité à ce qui nous apparaît comme ayant quelque valeur. Mais nous le pouvons, dira-t-on ; l'homme qui veut, qui fait le mal, fait déchoir en lui l'absolu de son rang de valeur, supprime autant qu'il est en lui la réalité de ce qu'il vaut ? Sans doute le droit peut toujours être nié et supprimé en fait, mais en fait seulement. Lors même que cette valeur est retirée à ce qui doit être par un acte de volonté, ou bien, ce qui peut arriver, cette volonté qui nie de la sorte la réalité suprême se détruit elle-même, et détruit la nature à laquelle elle est liée ; ou bien elle ne la nie qu'au prix d'une inconséquence, c'est-à-dire que, dans son principe, continuant à exister, à être, elle continue d'affirmer quelque chose dont la réalité ne lui est prouvée ni par les sensations qu'elle ressent actuellement, ni par les raisonnements qu'elle peut tenir. On ne peut concevoir un être qui existerait, qui serait en réalité, et qui nierait que ce soit un mode de réalité que de valoir. Il y aurait là même une contradiction dans les termes ; affirmer que l'on existe, c'est en effet affirmer qu'il y a de l'être ; mais la preuve qu'il y a de l'être est toujours impossible à donner ; elle suppose que cette affirmation de l'existence même de l'être est justifiée, c'est-à-dire qu'elle est conforme à ce qui doit être, c'est-à-dire qu'elle est produite parce qu'elle a une valeur. On ne peut affirmer que l'on est et nier en même temps que la valeur soit la réalité, sans inconséquence. Mais alors la réalité de la valeur ne repose pas sur l'acte pur de la liberté ? Si, car la nécessité d'affirmer cette réalité ne se rapporte qu'à l'individu particulier, présupposé existant ; elle n'apparaît que quand on considère une existence donnée. Or, dans l'ordre de la réalité, bien loin que l'existence particulière soit le principe d'où découle, par une nécessité, l'affirmation de ce qui doit être, c'est au contraire parce que dans l'être considéré est posée cette affirmation, que cet être se connaît comme existant. Mais on ôte ainsi à cette réalité supérieure son caractère qui est de dépendre de la liberté, puisqu'on ne peut pas ne pas la reconnaître ? Non ; cette impossibilité ne se rapporte qu'à l'individu particulier, qui est déjà, par hypothèse, présupposé existant. Par conséquent lui accorder le pouvoir, à cet être, de nier cette réalité dont nous parlons, et accorder en même temps qu'il est, c'est poser des termes qui s'excluent ; mais cela ne veut pas dire que la réalité suprême de la valeur ne repose pas sur l'acte pur de la Liberté. En effet, ce n'est jamais par suite de la seule impossibilité de contenir à la fois l'être et la négation de la réalité absolue que dans un être particulier la réalité absolue est posée. Jamais en effet la nécessité qui fait actuellement qu'un être est parce qu'il existe, ne suffit à déterminer en lui cette affirmation intime de laquelle résulte pour lui-même qu'il est et qu'il existe, c'est-à-dire qu'il a quelque chose qui a une valeur absolue et à quoi sa pensée doit d'abord participer pour qu'il puisse s'affirmer lui-même comme étant et comme existant. Ce n'est que quand on part du fait de l'existence d'un être, qu'on la considère comme donnée déjà, que l'on peut être amené à se représenter l'impossibilité que, dans cet être, ne soit pas donnée aussi l'affirmation absolue que quelque chose doit être. Dans l'ordre de la réalité, il n'est pas vrai que l'existence particulière soit le principe duquel découle, par une nécessité, l'affirmation de ce qui doit être ; c'est au contraire parce que, dans l'être considéré, est posée l'affirmation de ce qui doit être, que cet être se connaît comme existant.

Aussi, en un sens, on peut dire que l'affirmation d'une réalité qui consiste à devoir être, c'est-à-dire qui résulte d'une position directe de la liberté, est nécessaire. Mais elle ne l'est que sous la présupposition que quelque chose est déjà ; elle ne l'est que pour nous qui partons de sa conséquence ; il ne résulte pas de là qu'en elle-même elle le soit. Et, en effet, il n'y a jamais, dans la simple constatation de notre existence, dans l'affirmation de notre être, il n'y a jamais de quoi déterminer absolument cette condition première sans laquelle cette constatation et cette affirmation ne serait pas. Nous pouvons en réfléchissant nous rendre compte de tout ce qu'implique l'affirmation de phénomènes considérés comme existant et comme étant ; mais au terme de cette régression ne se trouve nullement une nécessité absolue. Nous ne sommes sans doute pas libres de nous nier au fond quand nous affirmons que nous existons ; mais nous ne pouvons pas pourtant concevoir comme un acte de nécessité ce jugement par lequel nous affirmons notre propre être. Si nous ne reconnaissons pas qu'il y a une réalité absolue dont il n'y a aucune preuve de fait à donner, ni aucune preuve de raison, c'est-à-dire de nécessité, il s'ensuit que notre être, et tout être, n'a pour nous, au fond, aucune réalité, notre pensée n'ayant aucune valeur ; car de l'affirmation d'une valeur absolue de notre pensée dépend évidemment la reconnaissance de la valeur que nous attribuons à l'objet de notre pensée. L'homme qui ne croit pas à la vérité absolue de la pensée, ou qui ne se rend pas compte qu'il y croit, ou qui n'y croit pas pratiquement, pour cet homme, la réalité sensible, qui lui paraît être la vraie réalité, n'est au fond pas réelle ; il la dépouille en effet de tout ce qui en fait le sens, la valeur ; il vit dans un monde d'illusions ; le monde n'a qu'une existence d'emprunt, illégitime ; se figurant qu'il ne croit pas qu'il y ait au fond quelque chose qui vaut absolument, ne se mettant pas du côté de Dieu pour juger du monde, il laisse échapper le monde. Il faut comprendre, par acte absolu de liberté, l'insuffisance de la réalité sensible, de la réalité intelligible, et que la vraie réalité dépend de la pure position que l'esprit en fait, pour saisir réellement l'être du monde ; c'est-à-dire que le monde n'est pas vraiment réel pour celui qui ne comprend pas à quel point, considéré dans sa pure réalité sensible et même dans sa réalité intelligible, il est sans valeur. Quand la valeur du monde sensible et du monde intelligible se dissipe, c'est que l'esprit ne comprend pas qu'il n'a de valeur que par son rapport avec ce qui en a par soi, que la vraie valeur est au delà. Voilà l'idéalisme vraiment réaliste. Ce qui fait la réalité de ce qui est, c'est son rapport avec ce qui n'est pas, qui exclut l'existence, mais consiste dans la position même et de l'être et de l'existence. Le monde n'est réel que pour celui qui lui confère cette réalité, en comprenant que ce monde considéré à part de l'acte absolu de l'esprit n'est rien, ne peut être affirmé que par un sophisme, une contradiction.

Ainsi nous ne pouvons rien affirmer légitimement comme réel sans l'affirmation implicite d'une réalité qui résulte de la liberté, c'est-à-dire qui ne lui préexiste pas. Toute pensée à laquelle nous attribuons une vérité présuppose l'affirmation d'une telle réalité. Cette réalité n'est pas autre chose que celle qui appartient à Dieu même ; cette réalité, c'est Dieu. Ce n'est pas simplement, en effet, atteindre Dieu en dehors de nous par un acte de liberté, ce n'est pas seulement postuler, poser librement l'existence de Dieu, que d'accorder une vérité à l'une quelconque de nos pensées ; c'est participer à l'acte même de Dieu ; pour mieux dire, c'est céder la place à Dieu même en nous ; c'est-à-dire que ce n'est pas en réalité nous qui nous élevons à Dieu par cette réflexion dont nous avons marqué les étapes, c'est Dieu qui descend en nous, qui se pose en nous en nous posant, c'est-à-dire que nous atteignons dans cet acte de réflexion la région absolue de la puissance créatrice, nous entrons dans l'acte créateur. Le monde, selon Descartes, ne peut exister que par un acte créateur de Dieu incessamment renouvelé (la création continuée). Mais ce n'est pas seulement le monde qui ne peut exister que de la sorte, à condition d'être incessamment régénéré, c'est la pensée même ; à chaque instant, par le fait même que nous pensons, il est posé en nous-mêmes qu'il y a de l'être ; mais la preuve qu'il y a de l'être ne peut être donnée ni parce que nous sommes portés à l'affirmation, ni par une indéfinie nécessité. D'où vient cette forme, cette forme abstraite, vide, de l'idée de l'être, sinon d'une action intérieure qui ne peut se justifier que par elle-même ? (Voir *Psychologie et Métaphysique* de Lachelier). Donc nous n'atteignons pas par la réflexion Dieu en dehors de nous comme une réalité séparée de la nôtre ; en réalité nous n'atteignons pas Dieu, mais Dieu s'atteint lui-même dans l'acte même par lequel nous posons une pensée quelconque comme vraie. C'est bien peut-être là au fond la pensée de Descartes, mais il me semble que, cette absolue liberté de Dieu, Descartes refuse de la placer en nous, dans tout acte de pensée, qu'il la place dans une région transcendante par rapport à nous. De plus, ne prétend-il pas déduire l'existence de Dieu de son idée, au lieu d'analyser l'acte même de la pensée de façon à comprendre le sens que doit avoir le mot existence quand il s'agit de Dieu, et à déterminer le mode de réalité que doit avoir Dieu, et à échapper ainsi au reproche de sophisme (critique de Kant) ? Descartes pouvait échapper à ces critiques s'il eût appliqué l'idée de la liberté, de l'absolu et de l'universelle dépendance de tout par rapport à elle, moins à l'objet qu'à l'idée même de la connaissance, pour la trouver au fond de toute pensée, et échapper à la nécessité d'une démonstration proprement dite de Dieu.

Dieu est donc l'absolu qui non seulement crée toute chose, mais pose, crée la pensée même, se crée lui-même (Descartes), non une nature naturante qui existe par la simple nécessité de sa nature, qui existe purement et simplement (Spinoza). Une pareille nécessité ne peut pas engendrer la pensée : comment comprendre que de cette nature doit s'écouler la pensée et la diversité infinie des êtres ?

Ainsi cette analyse par laquelle nous avions montré que la réalité inférieure qui constitue l'existence, et celle qui constitue l'être, en supposent une autre, celle qui est posée par la liberté, ne nous conduit pas seulement à l'affirmation de l'existence de Dieu, mais à Dieu même, et nous ne pouvons la comprendre, et par elle toutes choses, qu'à la condition que l'acte de Dieu réalise en nous à chaque instant la pensée.

Nous ne pouvons savoir ce qui est qu'à condition de savoir préalablement que quelque chose est ; mais cette idée de l'être comment peut-elle être en nous ? Une idée peut-elle reposer sur elle-même ? Pour que l'idée de l'être soit en nous et que nous cherchions ensuite l'être en toute chose, il faut qu'elle soit posée. Peut-elle l'être par contrainte ? Non, car alors l'acte par lequel elle est reconnue serait sans valeur. Nous ne pouvons pas comprendre la loi de la pensée comme une loi transcendante qui lui serait étrangère ; il faut qu'elle soit une loi immanente, une loi de liberté ; c'est-à-dire que, dans tout acte de pensée, nous enveloppons implicitement un acte de liberté par lequel, sans rien qui nous détermine du dehors, nous posons qu'il doit y avoir de l'être. Il est vrai que nous ne pouvons pas concevoir qu'il doive y avoir quelque chose sans une idée antérieure de la réalité par laquelle la pensée justifie à ses propres yeux cette affirmation même ; l'idée de l'être se justifie indéfiniment elle-même par un décalque d'elle-même qui se reproduit sans fin. Mais cela n'empêche pas, exige même, que cette régression à l'infini de la justification ne soit que le phénomène, l'apparence de la justification, et qu'en définitive, la justification de cette position de l'être, ce soit que la liberté le veut. Autrement dit, nous ne pouvons pas chercher à déterminer la vérité des choses, si précédemment Dieu ne pose en nous, par l'acte absolu, que quelque chose vaut, et est réel par cela seul que cela vaut. Cet acte même est l'acte par lequel Dieu se constitue.

Ainsi, ce n'est pas l'entendement qui peut atteindre Dieu. L'entendement, l'intelligence séparée de la liberté, l'intelligence dépendant de l'être, miroir passif de l'être, ce n'est pas Dieu, c'est la créature. C'est une illusion et même la plus grave des illusions, que celle par laquelle la pensée cherche à atteindre la réalité par le déploiement indéfini de l'acte de l'intelligence. De cette illusion découle le matérialisme, l'incrédulité. La vraie pensée consiste dans l'acte même par lequel nous comprenons l'impossibilité de la démonstration. L'entendement n'est pas capable d'atteindre Dieu, et ne constitue pas la réalité de Dieu. Dieu est l'acte absolu duquel découle éternellement la nécessité de l'entendement. Qu'est-ce au fond que l'intelligence ? C'est la position de la nécessité. Mais d'où vient que cette nécessité est posée ? Est-ce qu'elle est constatée ? L'intelligence résulte-t-elle de la nécessité posée en dehors d'elle ? Non, car il est de l'essence de la nécessité de ne pouvoir jamais être expérimentée. Il faut donc que l'intelligence soit préalablement réalisée sous la forme d'une nécessité, non pas extérieure, ne dépendant que de soi, mais intérieure, dépendant de la liberté. Autrement dit, le prototype de l'idée de l'être, même de l'être nécessaire, forme universelle de toute pensée, est dans l'idée de nécessité morale ; car la nécessité qui dépend de la liberté, c'est la nécessité morale. Si l'entendement peut savoir qu'il doit y avoir quelque chose, c'est que quelque chose est ; et si quelque chose est, c'est que quelque chose est posé par la liberté comme devant être. Car c'est la même chose pour la liberté de poser ce qui est et de poser ce qui doit être, c'est-à-dire que l'objet éternel posé par l'absolu, par Dieu, c'est Dieu même. Dieu se pose éternellement lui-même par un acte absolu de sa liberté qui le constitue. Mais dire qu'il se pose ainsi sans raison qui lui soit antérieure, c'est dire qu'il constitue par cela même l'être, l'être vrai, c'est-à-dire qu'en vertu de cet acte absolu, il se trouve que Dieu est, ou que la vraie réalité est ; c'est dire, puisque cette vraie réalité dépend de la liberté et qu'elle détermine, une fois qu'elle est donnée, cette liberté comme en retour, c'est dire donc qu'en se posant lui-même, Dieu pose l'idée de ce qui doit être. Il ne faut pas dire que Dieu se pose par ce qu'il doit être, car alors, pourquoi doit-il être ? En réalité, parce que l'absolu se pose, il en résulte qu'il y a de l'être vrai, c'est-à-dire que ce qui doit être est. Ce qui doit être est constitué par l'acte de la liberté. Rapprocher cette idée de ce que dit Kant : la loi de la liberté est immanente, non transcendante, c'est-à-dire lorsque nous nous soumettons à l'impératif catégorique, nous ne nous soumettons pas à une loi étrangère.

L'acte de l'absolu est celui même par lequel est posée la loi comme devant être, oú mieux comme étant, car l'idée de devoir être n'est qu'ultérieure. Ce n'est pas parce qu'il existe une loi de la liberté que la liberté se conforme ultérieurement à cette loi. L'acte de l'absolu est celui même par lequel est posée la loi comme devant être, ou mieux comme étant ; l'acte primitif, dans l'ordre de la réalité, le *fiat* éternel auquel le monde et la pensée sont suspendus, c'est cette position absolue que la liberté fait d'elle-même. Se poser comme existant, c'est, pour Dieu, poser la réalité de ce qui ne dépend d'aucune condition extérieure, de ce qui ne dépend que de soi ; par conséquent c'est poser que le rien est quelque chose, que ce qui n'a par soi aucune nature, qui n'est constitué par aucune condition antérieure, est néanmoins. L'apparence de l'antériorité de la loi à l'action n'existe qu'après la constitution de l'action ; c'est parce que nous sommes ainsi constitués que nous ne pouvons pas ne pas dépendre de l'absolu, que nous ne pouvons nous empêcher de voir la liberté en nous dans ses actes comme dépendant d'une loi qui lui est antérieure. Mais ce n'est pas là le point de vue de l'absolu. Dans l'ordre de l'absolu, ce n'est pas la liberté qui dépend de la loi, c'est le contraire.

Ainsi l'absolu, Dieu, ne consiste pas primitivement dans l'action qui crée la nature, ni même dans celle qui crée la pensée, mais dans celle qui crée la condition même de la pensée ; c'est-à-dire que Dieu n'est pas ce désir éternellement renouvelé, qui met le monde en mouvement ; qu'il n'est pas non plus cette action par laquelle la pensée cherche à reconnaître dans le monde la nécessité à laquelle il peut être réduit ; car pour que cette nature et cette pensée soient, c'est-à-dire pour qu'il y ait lieu de chercher à réduire le monde à la nécessité, il faut d'abord que cette nécessité même soit posée, il faut que le terme idéal auquel il s'agit de réduire toutes choses soit donné, c'est-à-dire qu'il faut que quelque chose soit avant que quelque chose soit donné, qu'il faut enfin que l'idée de l'être, à laquelle il s'agit de ramener toutes choses pour les comprendre, que l'idée de l'être soit constituée indépendamment de cette matière qu'il s'agit de réduire à elle ; c'est dire qu'antérieurement à toute expérience, à toute perception de quelque chose d'extérieur, il faut qu'elle soit posée dans un acte primitif par lequel l'idéal est posé comme réel, comme étant la vraie réalité. Toute connaissance d'une réalité donnée a sa présupposition dans celle d'une réalité qui n'est pas donnée, mais qui est jugée être nécessaire, et celle-ci, à son tour, a sa condition absolue dans la position, par la liberté, d'une réalité qui dépend de la liberté même, ou plutôt qui est elle-même. L'acte premier au fond de la nature même de la pensée, acte duquel dépend l'idée de la loi universelle à laquelle la connaissance cherche à réduire toutes choses, est celui par lequel l'absolu se pose soi-même et pose par là la condition de l'être. Cet acte est la position de l'identité de l'idéal et du réel. En effet, il consiste à poser que ce qui est véritablement, que le réel, est ce qui résulte de l'action créatrice de la liberté. Mais qu'est-ce autre chose, cela, sinon l'idéal même ? L'idéal, au sens propre du mot, c'est le produit de la liberté, ou plutôt c'est la liberté même.

L'idéal, est-ce simplement une nature embellie ? Mais d'où peut venir l'idée d'une distinction à établir entre certains éléments de la nature, inférieurs, imparfaits, et certains autres, supérieurs, parfaits ? Comment pouvons-nous savoir que quelque chose dans l'objet vaut mieux qu'autre chose ? Est-ce par une simple comparaison ? L'idée de la perfection peut-elle sortir de la comparaison de plusieurs choses imparfaites ? Mais pour que cette comparaison même puisse se faire, il faut que l'idée d'une perfection lui préexiste. La condition de la constitution progressive dans l'esprit d'un idéal au moyen de l'observation et de la comparaison, c'est l'idée même de la perfection à laquelle cet idéal doit être le plus possible conforme. Mais cette idée même de l'idéal, constitue t-elle la réalité de cet idéal, c'est-à-dire est-ce vraiment elle qui est première, ne suppose-t-elle pas autre chose ? Que signifie même parfait ? Achevé, accompli ; par conséquent il suppose quelque chose qui tend à une certaine fin, qui doit produire par un certain développement de soi-même un effet désirable. Par exemple nous disons qu'un meuble est parfait dans son genre s'il est parfaitement apte à remplir sa destination ; par conséquent nous présupposons toujours une fin ultérieure quand nous jugeons de la perfection d'une chose. Donc l'idée de perfection ne se suffit pas à elle-même. A plus forte raison celle d'idéal. Ce qui constitue proprement le parfait, ce n'est pas cette forme que nous reconnaissons en lui quand nous l'appelons parfait. En effet, il y a toujours une action de la pensée présupposée antérieurement par celle qui a pour objet de poser la perfection. Si je pense un idéal, c'est que je pense, au-dessus de cet idéal, l'idée du parfait ; mais cela même suppose qu'à un degré plus profond de ma pensée, je pose la condition absolue pour que l'idée de parfait puisse se produire. Qu'est-ce que cette condition absolue ? Ce ne peut être qu'une fin absolue qui, par elle-même, ait une valeur. Mais comment puis-je savoir qu'une fin ait une valeur par elle-même ? Qui peut me prouver la valeur d'une telle fin, c'est-à-dire de quelque chose d'extérieur à la pensée qui la cherche ? Il est clair que la pensée se heurte ici à une impossibilité absolue. L'idée d'une fin absolue est contradictoire. Je suppose qu'il y en ait une. La possibilité de s'assurer qu'elle est absolue ne peut exister pour la pensée qu'à la condition qu'elle ait produit elle-même cet absolu qu'elle veut retrouver en dehors d'elle. C'est-à-dire que, quel que soit l'idéal qu'on veuille se proposer en le dégageant du spectacle de la nature, ce qu'il peut y avoir de solide dans cet idéal n'est pas autre chose que l'idée de la perfection que nous lui reconnaissons. Si élevé ou si bas que soit l'idéal d'un homme ou d'un peuple, ce qui pour lui fait la valeur de cet idéal, c'est qu'il juge que dans cet idéal est réalisée le mieux possible l'idée de la perfection. Mais cette idée même de perfection qui confère sa valeur à tout idéal empirique, toute sa valeur consiste dans la valeur que la pensée librement, sans y être déterminée par rien d'étranger ni même par rien qui soit nature en elle, lui accorde. Autrement dit, tout ce qu'il y a de réel dans l'idée de la perfection, forme même de l'idéal, c'est l'attachement que nous avons pour elle, la valeur que nous lui conférons. Ce qui fait que nous concevons le parfait, c'est ceci même que nous nous savons capables d'accorder, par l'usage de notre liberté, une valeur à notre action. L'idée du bien absolu, du parfait, est une idée seconde ; elle n'a de valeur, de réalité que par l'attachement que la liberté a pour elle. Nous nous évertuons à chercher ce que nous devons faire. Mais en quoi consiste ce devoir au fond ? Dans l'acte par lequel nous posons qu'il y a un devoir. L'idée du devoir, c'est la projection de cet acte. L'idée du parfait c'est la forme abstraite de la liberté. L'impossibilité même où nous sommes d'expliquer par rien d'extérieur l'idée que nous avons de la perfection, montre qu'il faut que, si parfait que soit l'objet qui se propose à la volonté, le seul fait que la volonté s'y conformera ne lui donnera aucunement sa valeur. Sa valeur ne lui vient ni de soi ni de l'accord entre lui et l'action de la volonté. Si parfait que soit notre idéal, ce qui réalise sa valeur, c'est la disposition dans laquelle nous le considérons. Autrement dit, sa valeur n'est en définitive que celle que nous lui donnons par notre action.

C'est ce qui nous conduit à cette conclusion que ce qu'on appelle ordinairement l'idéal n'est pas autre chose que le produit immédiat de la liberté. En effet, ce qui, dans un idéal, fait sa réalité, c'est la perfection qui est en lui ; mais cette perfection ne peut pas être perfection antérieurement à l'acte qui la reconnaît telle ; c'est-à-dire qu'elle est constituée par l'acte même de la liberté.

Dieu est l'identité de l'idéal et du réel. L'idéal, c'est ce qui doit être. Dans cette notion, nous avons distingué deux éléments, sa matière et sa forme. Le contenu de l'idéal est emprunté à l'expérience ; sa forme, c'est la qualification qui en est donnée. Ce qui fait la valeur de l'idéal c'est son rapport avec l'idée de ce qui doit être, avec l'idée de la perfection. Mais cette idée de la perfection, à son tour est-elle absolue ? peut-on concevoir le parfait dans son idée comme absolument parfait ? Non, car l'idée du parfait suppose toujours un rapport avec la pensée à laquelle elle se présente ; il est contradictoire que cette idée soit la perfection en elle-même ; du moment que l'idée de ce qui doit être se présente à la pensée, ce qui en fait la valeur ne peut plus être que le rapport où cette idée se trouve avec la pensée même, c'est-à-dire la prise de possession que la pensée en fait. Tant que la pensée cherche à se justifier cette idée par une autre, elle poursuit un résultat impossible, qui serait de trouver une idée qui se suffirait. Quand cela serait, le parfait ne consisterait pas dans cette pure idée, mais dans l'action par laquelle l'être pensant la poserait et la réaliserait.

Les hommes se distinguent les uns des autres par leur idéal ; mais, cet idéal peut être inégal d'un esprit à l'autre sans qu'il perde sa valeur ; ce qui fait la valeur de l'idéal, c'est son rapport avec l'idée de perfection. Mais, pour qu'un esprit se donne de la valeur par sa vie morale, suffit-il qu'il conçoive un idéal de vie, et se rende compte de la raison qui fait sa valeur ? Cela suffit-il pour que cet idéal soit tout ce qu'il peut être ? Ce qui fait l'idéal en tant que tel, est-ce son contenu, est-ce sa forme ? Ce n'est ni l'un ni l'autre : ce qui fait la valeur de la conduite d'un homme, c'est que la volonté de cet homme se porte vers la réalisation de l'idéal qu'il conçoit, c'est que l'idéal devient le principe de la détermination de la volonté dans cet individu.

L'idéal n'est pas une fin à poursuivre, ni l'idée abstraite d'une loi ; l'idéal c'est ce que la liberté pose librement, absolument, c'est l'adhésion de la liberté en même temps que la position par la liberté ; c'est là ce qui fait sa valeur.

Un idéal très élevé conçu par un esprit pour lequel il n'est qu'un objet extérieur à contempler, n'est pas un idéal. Un idéal dont la nécessité est connue n'est pas un idéal ; car qui dit idéal, dit quelque chose au-dessus de la réalité donnée ; l'idéal n'existe qu'à condition d'être mis au-dessus du réel. Il importe peu que l'idéal soit clairement conçu, qu'il soit riche ; ce qui importe, c'est le principe d'où partent et cette clarté et cette richesse. Si humble que soit l'intelligence dans un être moral, cet être peut réaliser parfaitement en lui l'idéal, à condition qu'il le veuille, puisque la valeur de l'idéal n'est pas dans sa matière ni dans sa forme, mais seulement dans la disposition à le réaliser.

Ainsi nous ne pouvons donc pas concevoir l'idéal autrement que par opposition avec le réel, car l'idéal consiste dans ce qui dépasse le réel. Vivre de la vie supérieure, de la vie morale, s'est s'élever au-dessus des déterminations de sa nature ; toutefois ce n'est pas les supprimer purement et simplement ; c'est-à-dire que, dans la plus grande perfection que nous puissions réaliser, la nature apparaît toujours comme l'antithèse nécessaire de l'idéal. Réaliser ce que nous devons être, suppose toujours que nous sommes primitivement quelque chose, que, dans notre nature telle nous la subissons, nous concevons ce qu'elle est réellement, sa vérité, et qu'ensuite, cette vérité de notre nature, nous voulons, par un acte pur de liberté, la réaliser. Autrement dit, on ne conçoit pas l'action de la liberté morale de laquelle résulte l'idéal qui la constitue, on ne la conçoit pas s'exerçant en dehors de toute nature et de toute intelligence qui la comprenne. La loi de la nature doit nécessairement fournir à la liberté l'idée de sa propre loi. Ce que nous devons faire, autrement dit, doit être conforme à la vérité qui exprime ce que nous sommes réellement. Autrement dit, dans l'individu pensant, l'idéal et le réel sont deux termes qui subsistent en face l'un de l'autre, et ne sauraient être conçus l'un sans l'autre.

En Dieu, ces deux termes se confondent. Dieu est l'identité du réel et de l'idéal ; pour mieux dire, l'identité de la matière et de l'acte pur, de sa forme et de cette action.

Pour que nous puissions distinguer dans la réalité trois éléments irréductibles, une matière, une forme, une action, il faut que nous concevions, non pas antérieurement à l'un et à l'autre, mais au-dessus de l'un et de l'autre, leur identité, et cette identité c'est Dieu même. Pour pouvoir comprendre comment la liberté peut se réaliser quoiqu'elle ne le puisse que sous la condition d'une loi et en rapport avec une nature, il faut concevoir que cette nature, cette loi, cette liberté même, cette pure action, ne sont séparées l'une de l'autre que par l'acte de l'entendement, qu'en vertu d'une nécessité, autrement dit, par un acte qui ne saisit pas la réalité telle qu'elle est, mais qui la disperse pour se l'expliquer, et qu'en réalité cette nature, cette loi, et l'action pure sans laquelle le rapport n'est pas saisi, ne font qu'un dans l'absolu. Si nous partons de cette présupposition qu'avant toute chose il y a une pure action créatrice qui engendre toute chose, et que cette action en se produisant produit en même temps sa loi et la nature en dehors d'elle, on demandera ce que c'était que cette action avant qu'elle se fût constituée elle-même, et eût ainsi constitué sa loi. On demandera pourquoi elle s'est constituée de la sorte, d'où vient cette loi qu'elle s'est donnée. C'est qu'en effet, par le fait même que nous concevons au commencement la liberté, la pure action, nous la concevons comme réelle, donc comme ayant dès lors une loi, une vérité. D'où maintenant peut lui venir cette loi sinon de ce qu'il y a déjà en elle une nature? Car qui dit loi, dit quelque chose qui est lié, qui dit forme, dit matière à quoi cette forme s'applique. Par conséquent, ou bien la Liberté à la conception de laquelle la réflexion nous a conduits n'était rien, ou bien, si elle était quelque chose, c'est que tout ce qu'il s'agit d'expliquer par elle existait déjà en elle.

Voilà donc deux raisonnements parallèles et contraires auxquels nous avons été également conduits. D'une part il faut, avons-nous dit, pour que quelque chose soit, qu'il existe préalablement une vérité de cette chose, une loi du vrai : il faut encore qu'au-dessus de cette loi, dont l'application doit constituer la vérité, existe une pure action qui la pose, et qui pose aussi par elle la matière à laquelle elle s'applique. D'autrepart, cette pure action ne se conçoit pas sans une loi, une forme, qui soit son être et qui à son tour suppose une nature. C'est-à-dire que ces trois termes apparaissent dans un ordre inverse en ces deux raisonnements, comme condition l'un de l'autre.

C'est qu'en effet la présupposition contenue dans l'un et l'autre de ces raisonnements, c'est que l'absolu qu'il s'agit d'atteindre, pour expliquer par lui tout le reste, est encore un objet d'entendement, c'est-à-dire intelligible, c'est-à-dire qui suppose des conditions. De là vient que la liberté même sous la forme de laquelle nous avons conçu cet absolu nous est apparue encore comme ayant nécessairement ses conditions dans les autres termes. Mais le principe même d'où nous partions n'était pas vrai. L'idée même d'une explication absolue est contradictoire. Qui dit en effet explication, dit relation. L'absolu ne peut être trouvé qu'au-dessus de l'explication même, de l'expliqué et de l'explication, c'est-à-dire dans l'unité. Au-dessus de l'acte d'entendement qui a pour objet de déterminer des relations nécessaires, il y a place pour l'acte de la pure pensée, qui consiste à affirmer l'identité des termes que l'entendement, ensuite, développera, c'est-à-dire de la liberté ou pure action, de la forme ou loi, de la matière ou nature. Il n'y a pas de vérité si nous devons concevoir la vérité comme résultant d'une pure action, ou action libre, par laquelle une forme ou loi est appliquée à une matière ou nature ; en effet, dans cette supposition, ces trois termes sont extérieurs l'un à l'autre, et leur rapprochement, par suite, est contingent, accidentel même. Il n'y a pas non plus de vérité si on doit la concevoir comme résultant d'une production pure et simple, d'une création par l'action absolue d'une forme ou loi et d'une matière ou nature (l'Arianisme, Père, Fils, Saint-Esprit s'engendrant; puissance, intelligence, amour). Dans le premier cas il n'y a pas de vérité, parce que tout, dans les trois conditions, matière, forme, action, était réel, et qu'on ne fait pas du vrai avec du réel. Dans le deuxième cas il n'y en a pas davantage, parce que tout est absolu, idéal, ou issu de l'idéal. Or, dire que quelque chose est vrai, c'est dire que cela est nécessaire, et aussi, par conséquent, ne saurait s'expliquer entièrement ainsi par l'absolu.

Au contraire si l'on admet que ces trois termes, condition réciproque l'un de l'autre, sont au fond identiques, c'est-à-dire que leur distinction n'a de sens que par rapport à l'entendement, on pourra comprendre, par cette affirmation même de l'incompréhensible, qu'il y a une vérité. L'acte le plus élevé de la pensée consiste, en définitive, à comprendre la nécessité de poser l'incompréhensible. Cette identité primitive de l'idéal et du réel, de l'action pure, de sa forme ou loi, et de la nature, est la supposition contenue dans toute affirmation d'idéal. Dire en effet qu'une proposition comme celle-ci : « la neige est blanche » est vraie, c'est dire qu'elle est vraie pour tous les esprits, c'est-à-dire qu'elle exprime dans une forme particulière leur unité. Mais cette unité se décompose en deux parties, leur unité intellectuelle et leur unité sensible ; la proposition doit exprimer l'une et l'autre, c'est-à-dire qu'elle doit exprimer que la sensibilité qui subit la blancheur de la neige est en rapport avec toute sensibilité actuellement donnée, et de même mon entendement avec tout entendement. De plus cette proposition ne serait pas vraie si elle signifiait simplement que mon entendement et tout entendement doit apercevoir comme nécessaire le rapport des différents éléments qui composent la matière sensible de la proposition ; dans ce cas, en effet, la nécessité serait appliquée du dehors à cette matière, c'est-à-dire que la proposition ne serait que subjectivement vraie. Si l'on suppose que l'entendement universel ne soit pas au fond la même chose que la sensibilité universelle, pas de vérité. Qui dit qu'une chose est vraie ne dit pas seulement qu'on l'aperçoit nécessairement à travers nos propres lois, même s'il y a accord de tous les esprits ; si l'on dit qu'on voit les choses telles qu'elles sont, il faut dire qu'il y a accord entre la sensibilité et l'entendement, non par application, mais par participation au même principe.

De même pour une proposition exprimant une vérité d'ordre idéal. Dire par exemple que quelque chose doit être, c'est dire que cela est vrai absolument, c'est-à-dire que cela est vrai pour tout esprit. C'est donc impliquer nécessairement une nature commune dans tous ces esprits, et aussi un entendement auquel également ils participent, et qui n'est pas irréductible à cette nature même, sans quoi la conception qu'ils se feraient tous de la vérité de cette proposition n'aurait qu'une valeur subjective, n'exprimerait que la nécessité même découlant de leur entendement. Affirmer que quelque chose doit être, c'est affirmer que cela est vrai absolument, c'est-à-dire que c'est impliquer, au même degré que quand on énonce une proposition se rapportant à la nature, l'identité fondamentale de tous les êtres et l'unité des différents éléments nécessaires de leur être. Autrement dit encore, dire que quelque chose doit être, cela implique qu'il y a une vérité absolue de ce qui est, et que c'est sur cette vérité absolue qu'est fondée la vérité de ce qui doit être. Ou plutôt, car il est impossible que la vérité de ce qui doit être soit fondée sur la vérité de ce qui est, il faut affirmer implicitement que ces deux choses se confondent, que si elles pouvaient être parfaitement entendues, elles se confondraient.

Ainsi l'homme qui affirme le devoir, affirme implicitement qu'en se déterminant par l'idée de la loi de la liberté, il se détermine conformément à la vérité absolue ; il entre dans cette vérité. Si cette loi de la liberté n'était que la loi de nous-mêmes en tant qu'individus, si elle n'était pas intelligible, elle ne serait pas vraie absolument. C'est le propre d'une loi absolue, qui doit nous déterminer sans conditions, d'être vraie, non pas seulement par rapport à l'individu contingent et particulier que nous sommes, mais par rapport à toute nature, à toute réalité.

Concevoir que la loi de la liberté est comme une loi régionale dans l'univers, à laquelle s'oppose la loi de la nature, c'est ne pas la fonder véritablement. S'il y avait des natures purement et simplement, ne participant nullement à la loi de la liberté, cette loi ne se comprendrait pas ; en dehors des êtres doués de liberté serait la région de la nécessité. Qui dit loi absolue dit loi qui seule peut le constituer, loi qui en constituant l'être libre est par cela même une loi absolument vraie. S'il est vrai qu'il y a un devoir, il faut non pas seulement qu'il vaille pour tout être raisonnable ; il faut que la loi du devoir ait une portée universelle et se rapporte directement à la nature des êtres. La loi de la liberté doit être aussi la loi de la nature ; autrement elle n'est pas. Nous ne pouvons pas concevoir le devoir autrement que par l'opposition d'une nature à l'idéal ; mais, si nous prenons cette opposition purement phénoménale entre le règne de la liberté et le règne de la nature, si nous la prenons pour une opposition se rapportant à l'être en soi, le devoir ne se comprend plus. En effet, si la loi du devoir est vraie, c'est évidemment que l'être raisonnable qui la conçoit, et qui la conçoit comme la loi par laquelle il doit dominer sa nature et toute nature, peut comprendre que cette loi est en rapport avec sa nature et avec toute nature considérée telle qu'elle est véritablement. Si, autrement dit, l'opposition entre l'idéal et le réel était absolue, c'est-à-dire si l'idéal n'était pas la vérité même du réel, sa loi ne serait pas une loi absolue. Le postulat fondamental de toute loi est qu'elle n'est qu'une partie de la loi universelle qui exprime toute la vérité.

Il n'y aurait pas de vérité de la nature si cette vérité ne se confondait, alors qu'elle serait parfaitement comprise, avec celle de la liberté, de l'idéal. Autrement, dit la loi physique ne serait pas vraie absolument si on ne pouvait comprendre qu'elle compose avec la loi morale une seule et même loi, et inversement la loi morale ne serait pas vraie si elle n'était pas l'expression parfaite de la loi de la nature.

Affirmer donc que quelque chose doit être, c'est affirmer qu'il y a une vérité absolue de ce qui est, et que ce qui doit être se confond avec ce qui est. Faire le devoir, c'est agir absolument sans être déterminé par la nature. Eh bien, le devoir n'est pas vrai, si ce devoir, qui consiste à agir en s'élevant au-dessus de la nature, ne rétablit pas la vérité de la nature même. Il ne peut se réaliser que s'il y a dans notre nature une aptitude à sentir le devoir ; il faut un penchant pour la vie morale (Kant), il faut dans la nature un penchant pour la réalisation de la loi absolue ; cela suppose donc que l'opposition entre la liberté et la nature ne soit qu'apparente et qu'au fond nature et liberté soient la même chose. Kant constate le fait qu'il faut qu'il existe dans la nature en nous un penchant ou une possibilité d'éclosion d'un penchant moral (Fin des *Fondements de la métaphysique des mœurs*). Mais, comment cela est-il possible ? dit Kant ; nous ne le comprenons pas. Eh bien, cela, l'identité de l'idéal et du réel, c'est Dieu. Nous comprenons d'une part qu'il est impossible que la vie morale se réalise s'il n'y a dans notre nature une possibilité de s'attacher, de s'intéresser à la réalisation de la loi morale ; mais d'autre part pour qu'un pareil penchant puisse s'éveiller dans la nature, il faut qu'en agissant sous l'idée de la pure liberté, nous agissions selon notre vraie nature ; il faut, autrement dit, que la nature et la liberté découlent, en définitive, de la même source, du même principe. La vie morale consiste à chaque instant à nous affranchir de la nature ; mais cette fin n'a de valeur qu'à une condition, c'est que, en nous affranchissant de cette nature, nous nous conformions le plus parfaitement à sa véritable loi, parce qu'au fond cette nature est le produit de la liberté. Cet affranchissement n'est légitime que parce que, en se produisant, il réalise la vraie nature.

La loi morale consiste dans la subordination de la partie au tout, de ce qu'on est à ce qu'on doit être. La loi morale dit : « Réalisez-vous ; soyez, comme esprits ; détachez-vous à chaque instant des plaisirs qui vous arrêtent, vous figeraient sur place ; ne cessez pas l'effort parce que vous éprouvez que cet effort vous coûte ; songez que vous devez sacrifier votre présent à l'avenir ». La loi morale interdit l'intérêt, mais à titre de principe absolu, non à titre de principe subordonné à la vie morale. La loi morale n'exclut pas le calcul et même elle l'impose ; la vérité morale doit être intellectuelle ; la conduite de l'être moral, suspendue à la liberté, présente un calcul d'intérêt si on la considère dans les actes qui la constituent. La morale nous commande, non pas de ne pas calculer, mais de n'attacher d'importance à chaque intérêt sensible que par rapport à une vie désintéressée. L'antithèse de la nature et de l'idéal s'impose donc dans le phénomène, mais on ne comprend jamais l'action de l'un sur l'autre, que si on admet qu'ils sont identiques. Nous affranchir à l'égard de la nature n'a de valeur que si, en nous libérant, nous nous conformons de plus en plus à sa véritable loi. Agir en se sacrifiant comme individu aux autres, comme être apparent à l'être éternel en soi, c'est agir conformément à ce qui est. L'homme qui se dévoue à lui-même et aux autres se sauve ; en se donnant, il se conserve.

Qu'est-ce que nous sommes en réalité ? En apparence, nous consistons dans une succession d'actions, de sentiments ; tout cela n'est qu'apparence s'il n'y a que nous. Si, au fond de tout cela, il y a quelque chose de réel, c'est que ce qui nous constitue absolument, c'est le rapport où nous sommes avec la totalité des autres êtres. Dans l'anthropocentrisme, la réalité consiste dans l'individu que nous sommes. Mais cette réalité, si elle est purement individuelle, est purement subjective, apparente ; dire qu'il n'y a que nous-mêmes, c'est dire que nous ne sommes que des illusions, qu'il n'y a que la sensation actuelle. Au contraire, du moment que nous nous affirmons comme étant réellement, non comme de pures apparences, nous affirmons qu'il y a un être universel duquel nous dépendons ; c'est-à-dire que nous affirmons la négation de l'égoïsme ; car s'il y a un être universel dont nous dépendons, il en résulte que nous ne sommes pas le centre de tout, que notre vraie réalité ne consiste pas dans notre réalité particulière, mais dans ce qui dans elle est universel. Qui est-ce qui nous enseigne qu'il n'y a que le présent, le particulier ? C'est la sensibilité. Si nous disons : je suis, nous franchissons la sphère de l'égoïsme en franchissant celle de l'apparence. Dans l'hypothèse de l'égoïsme l'être n'est qu'apparent. En affirmant que nous sommes, nous affirmons que l'être est ; il en résulte que le centre du monde qui était en nous est déplacé, que nous reconnaissons que notre réalité consiste dans ce qui, en elle, est posé par l'être total duquel elle dépend. Saisir ce que nous sommes véritablement dans cette hypothèse, ce serait donc saisir à un moment donné notre rapport avec le tout absolu, ce serait résoudre notre existence individuelle dans l'existence universelle. Nous ne pouvons être véritablement que si, comme individus, nous ne sommes que pures apparences, tandis que notre vraie réalité consiste dans ce qu'il y a en nous d'universel, et qui se retrouve dans tous les autres. L'individualisme, l'égoïsme n'est que l'effet d'une intellection insuffisante ; il est déraisonnable, illogique, de conclure de la science à l'individualité. En définitive, que nous montre la science physique de notre être ? Des lois universelles indépendantes de nous, qui font de nous des manifestations éphémères d'une réalité éternelle. L'homme qui agit en égoïste, en obéissant à la nature et non à la loi de la liberté, n'agit pas conformément à sa vraie nature ; celui qui agit selon la liberté agit selon sa vraie nature. Car c'est une loi qui tire toute sa valeur non pas de sa matière, mais de sa forme ; c'est une loi qui découle de la source même d'où découle l'être. Et cette loi, qu'est-ce qui fait qu'elle peut être pratiquée ? C'est que cet être qu'elle a pour objet de nous faire dominer, dépasser, cet être, au fond, n'est réel que dans ce qu'il y a en lui de nécessaire, c'est-à-dire d'universel ; la loi morale et la loi physique sont donc au fond une seule loi.

La loi physique de l'être existe-t-elle véritablement à un moment quelconque ? C'est une pure abstraction ; nous savons seulement qu'il doit exister à chaque instant une loi exprimant la nature ; cette loi réelle est donc toujours au fond purement idéale ; la preuve extérieure ne nous en est jamais donnée. Ce qui nous fait savoir que nous ne sommes pas de pures apparences, c'est qu'il y a d'autres êtres que nous, et que dans notre rapport avec eux consiste notre vraie réalité. Mais c'est la liberté qui pose en nous, à chaque instant, par un acte créateur, ces autres êtres sans lesquels l'être individuel ne serait pas. Cette dépendance n'existe que parce que, à chaque instant, elle s'affirme, se veut en nous. Mais comment ? Sans raison ? Non. L'absolu que nous posons en dehors de nous, nous le posons en même temps en nous-mêmes ; c'est-à-dire que cet absolu a son affirmation préformée en nous à chaque instant, déposée à l'état d'enveloppement dans notre nature. Comment cela ?

C'est que la nature est essentiellement désir. Le désir, c'est le désir d'une certaine fin, qui nécessairement n'est rien que si elle est conçue, et qui, en même temps, ne peut être conçue que comme réelle, c'est-à-dire comme déjà impliquée dans ce que nous sommes actuellement. L'affirmation de la vérité de notre nature suppose l'affirmation d'une réalité universelle ; mais cette affirmation n'est possible, disons-nous, qu'à la condition d'être préformée dans notre nature. Nous ne poserions pas l'être universel duquel nous dépendons si nous ne le possédions d'avance, attachés à lui par cet amour obscur qui est au fond du désir et qui est Dieu en nous. Nous n'existons à chaque instant que par l'action qui développe du présent l'avenir, par le désir ; mais le désir suppose, implique, au fond de lui-même, un pressentiment, l'amour, qui résulte en nous de l'action immédiate de Dieu. Ainsi la vie morale ne peut se réaliser dans un être que sous la condition qu'au fond de la nature l'esprit soit déjà déposé, c'est-à-dire que ce soit par une action de l'esprit que cette nature se développe. La vie morale ne se comprend donc que dans l'hypothèse que la nature, la loi morale et la liberté même ne font qu'un ; ce qui suppose en particulier que la loi, unique, par laquelle la liberté se réalise, n'est autre chose que la loi absolue de la nature, qui dans son fond est liberté. C'est-à-dire que ce qui fait que la nature nous apparaît comme soumise à des lois et qu'elle est réellement soumise à de telles lois, c'est que toutes ces lois se ramèneut à une seule, la loi de la nécessité ; mais, si cette loi est vraie, que signifie-t-elle à chacun, sinon que la réalité de tout être dans la nature résulte de son rapport avec tous les autres, c'est-à-dire est universelle ? Mais l'affirmation que la vraie réalité de tout être est universelle n'est pas autre chose que celle qui constitue l'acte pur de liberté. En effet, qu'est-ce qu'agir librement ? C'est agir indépendamment de toute détermination particulière, c'est agir non pas en tant que nature donnée, mais en tant qu'absolu qui donne, qui pose cette nature, c'est-à-dire qui la pose comme vraie, comme universelle. Agir librement n'est pas agir en dehors de toute nécessité, ce qui serait un pur néant, mais poser la nécessité même comme expression de la réalité absolue, c'est-à-dire universelle ; autrement dit, agir librement, c'est poser l'être en soi-même en le posant en dehors de soi ; c'est dire que la liberté ne se conçoit, ou pour mieux dire, que cet absolu, dont la liberté n'est qu'un aspect, ne se conçoit que comme une action, par laquelle une nature particulière, éprouvant en elle-même l'être universel duquel elle dépend, affirme la réalité de cet être, en voulant qu'il soit. Dans l'absolu, la nature, la vérité, l'idéal ne font donc qu'un, et c'est sous la condition de cette identité profonde de trois termes nécessairement distincts aux yeux de l'entendement, que se peuvent concevoir, et la réalité de la nature, et la possibilité de la science, et celle de la vie morale.

Il ne faut donc pas dire que Dieu est liberté, raison, amour, mais bien qu'il est l'identité primordiale des trois. Cette identité se manifeste par la possibilité de déduire l'un de l'autre ces trois termes. Dans la réalité, c'est-à-dire dans l'absolu, ils ne sont pas réellement produits ; c'est-à-dire que le vrai rapport entre l'absolu et les différentes formes sous lesquelles il se manifeste à la pensée n'est pas celui de la cause à l'effet (rapport tout physique), ni non plus celui de l'antécédent au conséquent (rapport tout logique), mais bien celui de la réalité à l'apparence vraie, que suppose en elle la pure apparence.

Rien n'est donc intelligible que par cette affirmation que l'intelligible n'est pas le fond même de la réalité, et n'est pas non plus immédiatement donné, mais ne peut l'être que dans une nature, c'est-à-dire dans une apparence, où néanmoins il devait être déjà enveloppé, et, avec lui, la réalité qu'il recouvre. Quelle que soit, autrement dit, la conception que nous nous formions de Dieu, Dieu ne serait pas si elle l'épuisait, c'est-à-dire s'il était simplement. Mais, d'autre part, cette réalité supérieure qui est la sienne, nous ne pouvons la saisir que parce qu'elle est implicitement donnée dans cette nature qui est pour nous l'occasion de la conception que nous nous en sommes formée. Or elle ne peut nous être donnée que sous la forme d'une tendance, ou plutôt de la fin d'une tendance, c'est-à-dire que la condition pour que nous concevions Dieu, et qu'ensuite nous l'atteignions au delà de notre conception même, c'est qu'il se soit d'abord donné à nous dans le désir primitif ou plutôt dans l'amour qui en était le fond.

Nous sommes donc amenés à attribuer à Dieu un mode de réalité qui n'est ni l'existence, puisque l'existence la présuppose, ni, pour la même raison l'être. Cette réalité absolue, de laquelle tout dépend et qui ne dépend de rien, peut, en un sens, être définie par la liberté. Mais la définir ainsi, c'est se placer encore au point de vue de l'entendement qui réclame une cause absolue de tout ce qui est. Or l'entendement ne saurait suffire pour atteindre l'absolu. En effet, il présuppose toujours une donnée qu'il subit, qu'il ne fait pas, et il s'agit justement de savoir comment il se fait que les lois de la pensée, par lesquelles nous expliquons toutes choses, sont vraies, c'est-à-dire conformes à la nature de l'objet auquel elles s'appliquent, de sorte que la seule conception adéquate de l'absolu, de Dieu, est celle par laquelle nous affirmons qu'au-dessus de toutes les conceptions de cet absolu qui soient saisissables à l'entendement, et qui aboutissent à l'identifier à la liberté, doit se placer une affirmation qui n'est pas elle-même intelligible, car elle a pour objet de poser l'identité de trois termes que l'entendement conçoit comme nécessairement distincts : l'objet absolu de la pensée, sa forme, la pure action ou liberté. En définitive, nous devons concevoir Dieu comme la pure action par laquelle une nature absolue, évidemment sa propre nature, est posée à la fois librement et nécessairement, la liberté et la nécessité n'étant que deux aspects nécessaires sous lesquels cet acte apparaît à l'entendement qu'il a constitué. En Dieu donc la liberté et la nécessité se concilient, se confondent pour mieux dire, dans l'unité d'une nature absolue.

Dieu est donc incompréhensible, essentiellement, et toute expression qu'on essaie d'en donner ne peut être qu'une identification avec ce qui lui est, par essence, opposé, irréductible. C'est ainsi que Spinoza disait que, si l'on attribuait à Dieu l'entendement, il fallait ajouter immédiatement qu'il n'y a pas plus de ressemblance entre l'entendement divin et l'entendement humain, tel que nous le comprenons, qu'entre le chien constellation et le chien animal aboyant. Nous ne connaissons ici-bas Dieu que *veluti in speculo*, dans un miroir (saint Paul, *IIe Epitre aux Corinthiens*). Mais peut-être que les deux idées par lesquelles il est le plus raisonnable d'exprimer Dieu sont unité, forme abstraite, en quelque sorte, de cette réalité divine, et amour.

Mais nous n'aimons pas véritablement. Nous croyons aimer. Nous ne pouvons aimer en définitive que nous-mêmes, ou, du moins, nous ne pouvons aimer un être étranger à nous que si nous le considérons actuellement comme nous étant au fond absolument identique. Autrement dit, l'amour pose l'identité de deux êtres qui, antérieurement à cet amour, indépendamment de lui, sont distincts ; l'amour, c'est deux dans un. L'amour est à la fois liberté et nécessité, car celui qui aime véritablement ne peut pas ne pas aimer ; il se sent absolument déterminé à l'attachement qu'il éprouve ; son objet ne pourrait lui être ôté sans qu'il se considérât comme anéanti par ce fait. Mais, en même temps que l'amour est nécessaire, il est libre aussi. En effet, le propre de l'amour, c'est de venir du fond même de l'être qui aime ; ce n'est pas aimer que d'aimer malgré soi, c'est-à-dire d'aimer sans un jugement absolu par lequel l'amour que l'on sent est approuvé, sans aucune contrainte extérieure ; l'amour fatal n'est pas le véritable amour ; ou plutôt, dans le véritable amour, le caractère fatal, irrésistible, doit se confondre avec la liberté, de laquelle cet amour résulte. Celui qui aime véritablement ne se demande pas s'il aime fatalement ou librement, mais son amour, à ses yeux, implique les deux choses ; cet amour, il pense qu'il en a le mérite quoiqu'il ne puisse pas lui résister. C'est-à-dire que dans l'amour il entre à la fois de la Liberté et de la Nécessité, conciliées dans un mouvement de la nature.

Dans les êtres particuliers, l'amour n'existe jamais véritablement. Ce qui existe, c'est le désir, plus ou moins compris, plus ou moins justifié ; aussi ce désir ne s'attache presque toujours qu'à des objets inférieurs, qui ne peuvent le justifier entièrement ; mais ce désir, en réalité, dépasse toujours infiniment les limites déterminées de ces objets ; il y a disproportion entre ce que ces objets justifieraient de désir par la réalité donnée, et ce qu'ils en provoquent réellement. Cette illusion qui rend possible, dans les créatures, le mouvement et la conservation de la vie, n'est illusion que par rapport à ces êtres mêmes ; par rapport à l'absolu, au contraire, elle est vérité ; c'est-à-dire que ce qui meut ces êtres n'est dans leur conscience que désir, mais que, dans l'absolu, il est amour ; car, dans l'absolu, chaque être particulier n'existe que par son identité avec tous les autres, avec tout l'être. Ce qui rend compte absolument de l'effort par lequel chaque être tend à persévérer dans son être en s'attachant à d'autres objets, c'est que l'être de ces objets et le sien ne font qu'un, et qu'au fond, en chaque être, c'est l'être même qui s'aime d'un amour éternel. Ainsi l'idée de l'amour est peut-être celle par laquelle nous pouvons concevoir de la manière la moins inadéquate l'acte absolu de l'unité divine. La manière la moins inadéquate, car, nous l'avons vu, il ne saurait s'agir d'une expression pleinement adéquate de cet acte. En effet l'amour ne peut se réaliser complètement dans aucune nature, parce que l'amour entraîne la complète identification du sujet aimant et de l'objet aimé, identification qui ne saurait jamais être réalisée dans une nature, car alors le sujet serait fondu dans son objet, c'est-à-dire qu'il n'y aurait plus amour ; et pourtant l'amour, qui ne peut pas exister véritablement dans la nature, est la réalité.

L'amour ne peut pas exister ; d'autre part s'il n'avait pas de réalité rien ne s'expliquerait. Dira-t-on alors que Dieu est l'amour, que c'est en lui qu'est réalisé l'amour ? Mais alors, comme en Dieu on ne peut concevoir les éléments constitutifs de l'amour que comme complètement identiques entre eux, cela entraîne fusion entre eux, et alors l'amour ainsi complètement réalisé n'est plus amour. Ainsi nous ne pouvons comprendre vraiment la vérité des oppositions que saisit l'entendement que comme manifestant une unité absolue, et quand nous voulons définir cette unité d'où tout part, impuissance. L'amour ne peut exister réellement, ni dans l'homme, car, alors, même identité de l'homme et du tout, même anéantissement de l'homme ; ni en Dieu, car alors, poser l'amour comme réel c'est poser quelque chose d'inintelligible ; si nous voulons concevoir cette unité comme étant, nous sommes obligés de la développer, nous sommes obligés de la concevoir dans une nature, et alors plus d'amour. De sorte que l'amour, ainsi que toutes les formes sous lesquelles on conçoit l'absolu, sont comme la fluxion, l'écoulement de l'absolu dans le réel, sont comme la limite de l'absolu et de l'être, n'existent qu'à cette limite instable et purement idéale où nous concevons que l'absolu commence à être. Quand nous nous plaçons du côté de l'être, nous ne trouvons pas ces réalités, mais nous affirmons que nous ne pouvons pas comprendre que l'être soit sans qu'elles soient ; du côté de l'absolu, nous comprenons qu'elles ne peuvent pas y être. Nous ne pouvons que tendre à déterminer la réalité divine par des conceptions qui n'ont de sens que par rapport à l'être, mais en même temps sont toujours dans l'être réalisées d'une façon insuffisante. Amour, raison, liberté, sont-ils en nous véritablement ? Non ; l'être qui les posséderait pleinement serait l'absolu. Et alors l'amour, la raison, la liberté seraient-ils encore ? Non.

Ainsi d'une part nous ne pouvons concevoir les êtres particuliers, le relatif, qu'en affirmant une réalité supérieure, un au delà absolu qui ne peut pas se réaliser dans le relatif ; et d'autre part, dans l'absolu même, cette réalité ne peut être conçue comme réelle, car elle ne peut être connue que par l'introduction du relatif dans l'absolu. Quand nous disons que Dieu s'aime d'un amour éternel, nous impliquons par là que Dieu s'oppose à lui-même, s'aime lui-même dans quelque chose qui n'est pas lui, qu'il s'aime par conséquent sous la condition d'une nature différente de la sienne. On ne conçoit pas l'amour de Dieu indépendamment de toute relation avec des natures dépendant de lui ; Dieu peut s'aimer lui-même, mais sous la condition qu'il se trouve dans des natures différentes ; autrement dit, amour suppose toujours une dualité, même une trinité, c'est-à-dire une action partant d'une nature et tendant à une fin. Ainsi l'amour ne peut exister que comme la condition nécessaire, pour notre entendement, de la conception du désir ; c'est l'absolu au fond du désir, mais l'absolu au fond de tous ces désirs qui ont pour objet apparent la conservation de l'être particulier, et pour objet réel la conservation de tout l'être. Cet absolu qui ne peut pas être réalisé sans contradiction, c'est Dieu même, qui, s'aimant de l'amour infini dans les créatures qu'il détermine, entretient par cela même et son propre être, et l'être de ces créatures. Ainsi on ne peut pas dire qu'à proprement parler Dieu soit amour, mais il faut dire, semble-t-il, que l'amour se réalise, devient indéfiniment dans le monde, sous la forme du désir ; que, d'autre part, il est absolument, en ce sens que l'entendement le conçoit comme la condition nécessaire du désir ; mais que sa vraie réalité, qui constitue Dieu, consiste dans l'impossibilité même qu'il soit réalisé entièrement, c'est-à-dire que l'unité absolue se retrouve jamais tout entière dans aucun des êtres particuliers qui sont par elle. L'acte que nous devons concevoir comme constitutif de toute réalité, c'est l'acte par lequel l'unité de cette réalité est posée ; cet acte ne peut être qu'un acte d'amour ; ce qui constitue l'unité d'une réalité ne peut être qu'un mouvement par lequel cette réalité dans ses différentes parties se constitue une ; cela est aimer. Mais aimer c'est nécessairement être autre que ce qu'on aime ; par le fait même que l'absolu se pose dans son unité, il pose en même temps autre chose que soi. L'acte absolu que nous concevons au fond de l'Univers consiste dans la position de son unité ; mais cette position de l'unité ne peut se faire que dans une opposition, c'est-à-dire que s'aimer soi-même, se fixer en s'aimant, se constituer, ne peut avoir lieu que par la distinction de soi et d'autre chose ; autrement dit, l'absolu ne peut s'aimer soi-même que dans autre chose que lui-même. C'est là d'ailleurs une vérité d'expérience ; l'amour ne peut que revenir à sa source ; aimer c'est en définitive s'aimer, si c'est aimer avec pleine justification. Mais en même temps que l'amour ne peut avoir pour objet que son propre sujet, il ne peut exister non plus que sous la condition d'une opposi-sition entre le sujet réel auquel il s'adresse, et le sujet apparent d'où il part. C'est-à-dire que, par le fait seul que l'amour existe, se trouve posée la multiplicité au sein de l'unité. Dieu ne peut s'aimer que dans d'autres êtres que lui. L'amour va donc à l'unité et la constitue, mais sous la condition de la diversité. C'est-à-dire que l'amour que Dieu se porte éternellement à lui-même ne peut s'exprimer, et, par suite, être, que sous la condition de la création absolue de la nature dont il est l'être ou plutôt la vraie réalité, et que Dieu ne peut s'aimer qu'en créant, ce qui signifie que l'amour absolu ne peut consister que dans la création de soi-même par la création d'autrui, que cet amour, par suite, n'est égoïste qu'en apparence, qu'il est en réalité désintéressé, ou, pour mieux dire, qu'il consiste dans l'identité de l'égoïsme et du désintéressement par la position absolue de la réalité, toute de valeur, à laquelle l'égoïsme dans l'absolu s'attache. Ainsi à chaque instant la création résulte de l'impossibilité même où est Dieu de se satisfaire de rien de ce qu'il a créé.

La création ne peut valoir que par la négation même d'une valeur absolue qu'elle aurait. Ce n'est en somme que par l'attachement anticipé de l'être réel à une réalité qu'il sent comme étant son fond absolu, et qui n'est rien qu'en vertu de l'action même par laquelle elle est poursuivie, que l'univers, à chaque instant, devient. Le développement de la vie, la création perpétuellement renouvelée, n'est autre chose que le perpétuel sacrifice de la réalité présente, que l'acte absolu par lequel Dieu meurt en quelque sorte à lui-même dans l'affirmation d'une réalité qui ne saurait jamais être donnée tout entière, et sans laquelle pourtant rien ne deviendrait ni ne serait. Amour et sacrifice paraissent être les deux aspects les plus profonds de l'acte divin.

D'une part donc on peut comprendre, on peut déduire les formes abstraites de l'être, c'est-à-dire qu'il se présente d'abord comme nécessité. Ainsi en partant de l'idée abstraite de l'être, pure possibilité, on conçoit que de la pure affirmation de l'être possible résulte l'affirmation de l'être réel, c'est-à-dire nécessaire, et que celle-ci à son tour entraîne l'affirmation d'une nature qui devient, et dont le nécessaire est la vérité. Nécessité abstraite ou possibilité, nécessité dans une nature ou nécessité réelle, enfin nature, tels sont les trois termes de cette déduction.

Mais cette déduction, si elle n'est pas hypothétique, est du moins toujours facultative, c'est-à-dire qu'elle ne peut jamais résulter que d'un acte absolu de la liberté ; autrement dit, elle n'épuise pas la réalité, elle laisse en dehors d'elle la réalité même de la liberté. Par conséquent, il est vrai également que rien ne peut être déduit, prouvé absolument, puisque tout dépend en définitive de la liberté, et que la véritable déduction devrait partir de la liberté même ; c'est-à-dire qu'elle ne serait plus une déduction ; de la pure liberté d'ailleurs, si on n'y suppose qu'elle-même, rien évidemment ne saurait être tiré. Il faut donc qu'au commencement de toute chose soit conçue, non pas une pure nécessité qui n'explique rien, car l'acceptation en est toujours facultative, non pas, non plus, une pure liberté qui réduite à elle-même serait un pur néant, mais une action dans laquelle la liberté et la nécessité se confondent ; cette action ne peut être que celle par laquelle est posée, avant d'être entendue, avant aussi d'être réalisée, l'identité de tout être avec tous les autres, affirmation qui implique le perpétuel abandon par tout être de sa réalité apparente, telle qu'elle résulte de ce qu'il subit, c'est-à-dire de ce qui n'est pas vraiment lui-même. A chaque instant, l'acte par lequel tout être se constitue, c'est l'affirmation de la réalité d'autrui, de son identité avec tout autre, c'est le départ fait entre notre réalité vraie et notre réalité apparente, tout ce qui en nous est subi, sensible, et aussi tout ce qui est simplement entendu, n'étant qu'apparence, et notre vraie réalité étant la position de l'universel en nous, du tout dans la partie. Cette position est un acte de liberté (ne s'expliquant par rien d'extérieur), mais en même temps suppose une nature dont l'identité avec l'être universel est affirmée. Si nous ne sentions pas en nous ce conflit nécessaire du particulier et de l'universel, si l'universel était pleinement réalisé en nous à chaque instant, nous ne l'affirmerions pas ; il serait purement et simplement. Il faut en nous primitivement une individualité donnée ; cette individualité donnée, et que, plus tard, nous devrons affirmer comme identique, en son fond, à l'être universel, cette individualité primitive est en réalité, dans l'absolu, constituée par l'absolu même. Nous ne serions pas des individus, si, avant la conscience, l'absolu ne s'était antérieurement posé en nous et dans l'univers. Tout ce qu'il y a de réel dans l'individualité d'où nous partons, c'est l'universel. L'absolu c'est la position de l'universel dans le particulier, position qui ne peut être faite par la raison que si, dans ce particulier même, l'universel déjà préexiste, c'est-à-dire que si ce particulier en est une anticipation. C'est-à-dire que la condition de la raison est, dans la nature, sous la forme d'un désir infini qui, s'il se comprenait parfaitement, se renierait lui-même en tant qu'égoïste et s'approuverait comme désintéressé. Ce qui veut dire que nous ne chercherions jamais la loi des choses, et que nous ne nous connaîtrions pas nous-mêmes comme existant véritablement, c'est-à-dire universellement, si cette intellection n'avait son principe dans une prépossession de l'universel qui est impliquée dans le désir, fond de la nature, c'est-à-dire de l'individualité en nous.

Mais cet amour ne doit pas être conçu comme un fait, comme une nécessité ; il est au contraire un acte de liberté, de liberté concrète, c'est-à-dire dans laquelle l'action et son objet ne font qu'un. A la première déduction que nous avons indiquée plus haut, et qui nous a paru purement facultative, quoique logiquement nécessaire, à cette déduction purement formelle, nous pouvons donc en substituer une autre, ou, pour mieux dire, y substituer l'analyse réflexive de l'acte absolu dans lequel consiste l'attribution d'une valeur objective à cette déduction même, en d'autres termes, le passage de la pure possibilité, c'est-à-dire de la logique, à la réalité. Cet acte consiste, nous l'avons vu, dans l'affirmation de la réalité de la nature, c'est-à-dire du contingent, c'est-à-dire de l'individu, par son identité avec l'être universel ; identité qui n'est possible à son tour que si elle est, dans l'être particulier, posée absolument, librement, c'est-à-dire par une perpétuelle création, par un perpétuel abandon, sacrifice de lui-même, sacrifice qui a pour effet de le conserver en réalisant sa réalité vraie, c'est-à-dire universelle. D'où il résulte que cet acte par lequel nous comprenons la réalité de la nature ne peut avoir lieu que par l'idéalisation de cette nature en nous-mêmes, c'est-à-dire par la réalisation en nous de la vie de l'esprit, de la vie morale. La preuve de l'existence de Dieu ne peut donc être obtenue, et avec elle la certitude de la connaissance naturelle, que par la réalisation en nous de l'acte divin, par le retour en nous de la nature à l'esprit. Nous nous prouvons à nous-même Dieu en le réalisant.

Dieu est donc le principe commun de l'ordre spéculatif et de l'ordre pratique, moral, de la connaissance et de l'action. C'est parce que Dieu se pose éternellement dans l'absolu, au-dessus de l'existence et de l'être même, qu'il y a une vérité spéculative et une vérité morale, toutes les deux n'étant que deux expressions symétriques de la même réalité. Nous avons dit que l'acte divin ne peut être conçu que comme la position absolue de l'unité divine dans une diversité absolue à laquelle elle s'affirme identique, et que, par suite, elle tend à ramener à elle-même indéfiniment. Cette position de l'identité de l'un et du multiple, c'est-à-dire de Dieu et de son objet, engendre, comme sa représentation, son symbole, la forme abstraite de la nécessité, c'est-à-dire la raison. Ici même réflexion que sur l'amour, dont la réalité est comme à l'horizon du désir, et qui ne peut être réalisée. La raison ne peut non plus être réalisée, n'existe pas réellement ; ce qui existe véritablement, la fonction qui gravite vers la raison sans pouvoir la réaliser, c'est l'intelligence ; la raison en est l'achèvement, achèvement impossible. Mais la raison ne se réalise que dans les natures multiples qui résultent de l'acte créateur divin, c'est-à-dire sous la condition du devenir et de la finalité. Faire acte de raison, c'est trouver, après l'avoir cherchée, c'est-à-dire par une action successive, l'unité de la nature, c'est-à-dire la réalité en soi ou en dehors de soi. L'acte de raison ne se conçoit donc que comme un mouvement, un progrès par lequel tend à être saisie la réalité de la nature ; cet acte ne se réalise jamais complètement, mais il est seulement l'affirmation absolue, implicitement contenue dans toute affirmation relative. Cette action progressive, par laquelle l'acte de raison se réalise peu à peu, est celle de l'intelligence et de la volonté. Connaître c'est affirmer implicitement l'absolue identité de ce que l'on connaît et de la forme de nécessité qu'on y applique en le connaissant ; c'est ne voir dans le particulier que l'effet de l'universel ; il faut donc que, dans ce particulier, l'universel à chaque instant se réalise.

Mais que signifie cette action continue de l'universel dans le particulier ? Il n'est possible que l'individu soit que s'il porte en lui, à chaque instant, la forme de l'universel ; et il faut que ce soit par cette forme qu'il devienne. L'intellection suppose qu'au fond il soit vrai que l'universel est la réalité du particulier. Mais le particulier ne peut se résoudre purement et simplement dans l'universel, car alors il n'y aurait rien ; pour que la nature existe et n'existe que par l'universel, il faut qu'en elle-même elle porte l'empreinte, l'idée de l'universel, que l'universel se réalise à chaque instant dans le particulier. Cette présence intérieure à chaque instant de l'universel dans le particulier, c'est l'idée même de l'être à laquelle tout être particulier est suspendu ; et la condition de la possibilité d'expliquer la nature, c'est que, dans tous les êtres particuliers qui la constituent, la nature soit le produit de l'universel, non pas comme de quelque chose d'extérieur à elle par la pression de quoi elle se formerait, mais bien de quelque chose d'intérieur qui la développe. Ce quelque chose d'intérieur qui constitue à chaque instant la réalité d'un être, c'est l'idée de l'être ; un être n'est que par l'action interne que développe en lui la pensée de l'idée de l'être universel. De sorte que la nature est non pas simplement parce que les éléments s'entre-déterminent, parce que Dieu agit du dehors ; cela, ce mécanisme abstrait auquel nous cherchons à réduire les choses, ne peut être que le symbole de la réalité de chacune de ces choses, qui n'existent à chaque instant que par la sollicitation intérieure directe de cet acte absolu de la raison, qui est Dieu qui pose son unité dans chacun de ces êtres particuliers. C'est-à-dire que la condition de la possibilité d'expliquer le monde en réduisant chaque élément au tout par la loi abstraite du mécanisme, c'est que cette loi abstraite ne soit que le symbole de l'omniprésence du tout dans chaque être particulier, que l'universel ne fasse pas du dehors la réalité, purement illusoire dans ce cas, de l'individu, mais que, cette réalité, il la fasse intérieurement en se présentant dans l'individu comme étant ce en quoi il se réalisera pleinement. Autrement dit, c'est que l'individu n'existe que par l'action intérieure de l'idée de l'universel et du désir qu'elle lui inspire.

Ce désir, en tant qu'il prend conscience de lui-même dans l'universalité de sa fin, c'est la volonté. Vouloir, c'est, dans une nature, affirmer consciemment la réalité de la fin vers laquelle elle tend et dans la possession de laquelle elle se réalisera. Nous avons vu que, par cela même que l'intelligence pose l'intelligibilité de son objet, de la nature, elle pose en même temps que cette nature, c'est-à-dire les êtres réels, individuels, qui la constituent, n'existent chacun que par un mouvement vers une fin posée en elle par l'idée même de l'universel, c'est-à-dire par la raison. La volonté est ce mouvement prenant conscience de lui-même ; c'est, dans chaque être, la raison considérée en tant qu'elle se réalise en lui, et qu'elle le réalise en lui proposant comme sa fin et comme son être vrai l'être universel, provoquant de la sorte, de sa part, une action, un effort indéfini. La volonté est donc dans la nature, dans l'objet de l'intelligence, la condition de la légitimité de la connaissance que le sujet prétend en prendre. Ces deux termes, intelligence (dans le sujet) et volonté (dans l'objet) sont donc solidaires. En d'autres termes l'objet de l'intelligence est d'expliquer toutes choses par leurs conditions, c'est-à-dire en les résolvant en autre chose qu'elles-mêmes, c'est-à-dire en les expliquant mécaniquement : mais la condition de la valeur de cette opération c'est qu'elle ne détruise pas son objet, c'est qu'il soit quelque chose en lui-même et quelque chose d'analogue à ce mécanisme abstrait par lequel on l'explique ; cela ne se peut que s'il est en lui-même finalité, et si la pensée comprend l'identité du mécanisme et de la finalité.

L'action interne de la raison se réalise donc sous ces deux formes, de l'intelligence, et du désir ou volonté. L'intelligence est tournée vers l'être donné ; la volonté ou désir se rapporte à l'être en train de se donner, de devenir, c'est-à-dire à la nature, à l'existence. Lorsque, dans un être, ces deux aspects de lui-même restent séparés, opposés, cet être n'a qu'une réalité partielle, incomplète ; elle ne peut se compléter qu'à la condition que l'intelligence et la nature soient en lui ramenées à l'unité par l'affirmation de l'identité de la fin à laquelle il tend et de l'objet auquel son intelligence s'efforce de réduire toute la réalité donnée. Mais c'est ce qui ne peut avoir lieu que par un acte de liberté, c'est-à-dire de raison pratique, c'est-à-dire seulement dans le cas où cet être renonce à l'illusion de poursuivre cette fin, en réalité universelle, à laquelle il tend comme si elle n'était qu'une fin particulière, autrement dit lorsqu'il renonce à être déterminé par la sensibilité pour ne l'être plus que par la raison, c'est-à-dire par l'idée pure de la loi morale qui se confond avec celle de la nécessité physique.

Nous avons vu comment la Raison résulte de l'action divine ; elle-même consiste dans la position d'une loi dont la vérité est en ce qu'elle symbolise l'unité de l'être, unité qui ne peut s'exprimer et se réaliser que dans la connaissance. Nous avons vu que cet acte, posant la loi absolue qui est la forme de l'intelligence, rend possible l'action de l'intelligence, et, d'autre part, que la condition de la possibilité de cette action est que la nature de son objet, c'est-à-dire la nature, soit telle que, dans chacun des éléments qui la composent, toute la réalité soit faite intérieurement par l'action de l'idée. Si bien que ce qui rend possible l'intellection d'un être particulier, c'est que, dans cet être, qui, s'il était parfaitement expliqué, serait présenté comme un effet de l'action du tout, que dans cet être, ce qui l'a réalisé c'est l'action de ce tout, mais s'exerçant intérieurement par la sollicitation de son idée. En cela consiste, avons-nous dit, la finalité. Toute nature agit en vue d'une fin plus ou moins clairement aperçue ; toute réalité particulière est action ; toute action tend à une fin ; mais la fin à laquelle elle tend n'est pas seulement la fin particulière qu'elle réalise, mais la fin universelle par l'affirmation de laquelle la fin particulière paraît susceptible d'être réalisée. Agir, c'est se rattacher à une réalité que l'on sait d'avance exister, autrement dit au tout de la réalité déjà donné. Ce qui permet de concevoir l'action, c'est une distinction entre le pur état, passivement subi, et un autre état qui sera. L'action ne se conçoit pas sans l'idée d'une fin ; mais agir, ce n'est pas tendre à quelque chose qui ne serait rien dès à présent ; il faut que la fin soit possible pour que ses conditions soient aperçues comme déjà données. Le possible, forme un tout, dépend d'une seule réalité, est réductible à la loi universelle de la raison. En concevant l'idée d'action, on ne conçoit pas qu'on crée quelque chose, car ce serait concevoir que l'action va dans le vide, ne consiste à chaque instant que dans l'état où l'on est, c'est-à-dire qu'elle est complètement donnée, ce qui est contradictoire ; l'action suppose la possibilité d'atteindre la fin, ce qui suppose une réalité. Ce qui est possible, le compossible, c'est la réalité même. L'action n'est pas autre chose que le développement de la réalité totale dans l'être individuel. Agir c'est tendre en tant qu'individu à nous incorporer la réalité universelle de laquelle nous dépendons et qui seule est véritablement donnée. Eh bien, la condition pour qu'un être particulier soit compris, pour que la nature soit intelligible, c'est justement que l'action qui la constitue soit produite en elle par l'affirmation implicite dans chaque être de l'être universel ; c'est l'omniprésence de la raison divine dans chaque être particulier qui fait son développement ; et l'action de chaque être est un effort pour réaliser de mieux en mieux en lui, en en prenant de plus en plus conscience, l'universel. Si on pouvait comprendre toutes les actions par lesquelles se sont constituées les natures particulières, qui, considérées du dehors, sont des effets du mécanisme universel; on verrait que le mécanisme universel n'est jamais, à aucun moment, entièrement réalisé dans la nature, qu'il n'a de réalité que pour la pensée, que la véritable cause de l'évolution des êtres c'est le sentiment qu'ils ont de l'unité de l'univers duquel ils font partie, et l'affirmation que cette unité, qui est donnée indépendamment d'eux, ils peuvent indéfiniment tendre à la réaliser en eux de plus en plus.

Nous avons montré jusqu'ici comment l'acte divin pose la Raison dans la forme de l'affirmation d'une loi universelle à laquelle toute réalité peut être ramenée ; nous avons vu comment, de là, résultent le développement de l'intelligence et le développement de la nature, qui, au fond, ne font qu'un. Notre être véritable consiste dans l'unité de notre action interne d'une part, et, de l'autre, du système des actions que nous exerçons sur le monde extérieur et des réactions que nous en subissons. Autrement dit, notre réalité consiste à la fois dans le mouvement interne de notre être, et dans ce que l'intelligence en peut affirmer (l'intelligence est ce qui explique l'être particulier par son rapport avec tout le reste en déterminant les conditions de son existence). L'idée de nature et celle de mécanisme sont solidaires. La condition de la possibilité de la science, c'est que ces natures, ces individus intérieurs, qui sont condition de l'explication de l'univers par la science, ne soient pas eux-mêmes en dehors de cet univers qui agit et réagit sur eux. La monère, à laquelle on ramènerait toutes les espèces actuelles, doit déjà contenir en elle ce même principe, cette même unité de l'univers par l'action de laquelle elle s'est développée. La science porte sur l'universel, mais suppose le particulier ; elle porte sur l'universel dans le particulier.

On ne peut faire consister l'essence particulière d'une chose ni exclusivement dans sa nature, c'est-à-dire dans ses désirs, dans le système de ses peines et ses plaisirs, ni dans l'ensemble de ses actions et réactions, mais dans les deux choses à la fois ; cette dernière partie de l'essence de la chose est l'objet de la science ; mais la science ne peut chercher cette partie qu'en supposant l'autre : elle est la recherche de l'universel, mais dans le particulier. Dans la nature, l'universel et le particulier, le dehors et le dedans, sont toujours liés l'un à l'autre et toujours distincts. Chaque être particulier tend bien en tant qu'être particulier à réaliser en lui l'universel, et, d'autre part, la connaissance qui en est prise, dans cet être, ou qu'il prend de lui-même, cette connaissance extérieure tend bien de plus en plus à l'expliquer par l'universel, le mécanisme, mais jamais cette œuvre de l'intelligence n'est entièrement réalisée ; et d'autre part encore, si nous considérons le dedans de cet être, quoique la fin à laquelle il tend soit bien universelle, néanmoins par le fait même que dans cet être l'intelligence est nécessairement en devenir comme le reste, c'est-à-dire que la conscience de la fin réellement poursuivie n'est pas donnée, il en résulte que cet être poursuit l'universel sans le connaître, sans s'en douter, et en définitive ne tend qu'à se réaliser lui-même, si bien que, s'il est vrai que le principe de la nature c'est la tendance à réaliser l'être universel, cela n'est vrai que dans l'absolu. L'huître qui essaie de se développer le mieux possible ne sait pas qu'elle collabore au plan universel ; et pourtant, il faut bien qu'elle y collabore effectivement, que son action, à chaque instant, résulte de l'existence de lois universelles, lois universelles qui ne sont pas, qui ne sont qu'une pure abstraction. Un être particulier n'est réellement que par l'action de l'universel sous la forme du mécanisme, et de la détermination interne que l'idée de cet universel exerce sur lui ; mais un être particulier ne réalise jamais complètement en lui cette idée du particulier et de l'universel. On conçoit donc qu'il doive y avoir pour l'être particulier une autre manière d'être par laquelle il se réalise entièrement lui-même, réalisant entièrement, dans sa nature, l'universel qui en est le fond. C'est ce qui arrive lorsque, par l'acte de la raison réfléchie, cet être comprend qu'il ne peut être pleinement réel que s'il renonce à ne se réaliser que comme individu particulier, s'il consent, autrement dit, à céder en tant qu'individu la place à l'action de l'idée de l'universel clairement comprise, ou, à défaut de cette intellection, à agir dans le sentiment de son vrai rapport avec cet être universel dont il dépend.

Nous avons vu que de cet acte absolu, divin (amour), résulte la position de la loi abstraite, de la raison, qui représente, symbolise l'unité réelle de l'être et l'unité que l'amour représente d'une part ; nous avons vu, d'autre part, que la nature, c'est-à-dire l'être qui devient, multiplicité absolue dans laquelle l'unité réside déjà, mais qui ne la réalise pas encore, par cela même tend à la réaliser de plus en plus. De sorte que la création se présente sous deux aspects connexes : celui de la création extérieure, phénoménale, apparente, qui résulte de la position de la loi abstraite de la raison ; et celui des natures particulières dans lesquelles cette unité est enveloppée. A chaque instant cette unité est réalisée sous des formes plus ou moins imparfaites dans le sentiment qui constitue chacun de ces êtres particuliers. De l'acte divin résulte d'une part donc la raison, ou la forme abstraite de l'universel, de l'autre, les natures qui le constituent ; et, d'une part, dans la raison, se réalise peu à peu la conception intellectuelle de la réalité, de l'autre, dans la nature, le sentiment de plus en plus complet de cette même réalité.

L'appétit, la volonté, la liberté sont les trois degrés de l'action par laquelle l'idée de la totalité de l'être sollicite chaque être. Inconscient tout d'abord, l'appétit, par le plaisir et la peine, se diversifie en appétits particuliers qui sont les désirs. Pleinement conscient, le désir est volonté. Quand la conscience est supprimée par la réflexion, on a la liberté. Ce qu'on appelle la finalité, c'est cette idée par laquelle nous nous représentons la série de nos actions successives comme déterminée par nos idées, c'est-à-dire par les fins que notre pensée projette dans l'avenir au moment où elle produit son action. L'ordre de la finalité, c'est donc l'ordre de la causalité renversé. La causalité est en effet cette idée par laquelle nous nous représentons chacune de nos actions comme déterminée par nos actions passées, c'est-à-dire par laquelle nous nous représentons le rapport de nos actions avec notre nature ou sensibilité. Il ne faudrait donc pas confondre la finalité, pure abstraction, avec l'appétit, le désir, la volonté. La finalité, c'est la dépendance de l'action par rapport à la pensée, représentée sous la forme d'une détermination de cette action par la fin que la pensée en conçoit en la représentant dans l'avenir. Dans la réalité, l'action n'est pas déterminée par la sensibilité, ni non plus par la pensée ; elle consiste dans une synthèse de la sensibilité et de la pensée, synthèse qui constitue notre être ; les déterminations par lesquelles nous concevons notre nature et notre pensée se rapportent à l'extérieur, à la relation de cette nature, de cette pensée, avec toutes les autres.

Nous disions tout à l'heure que de l'acte divin résulte d'une part la raison, de l'autre la nature ; d'où développement de l'intelligence, et développement de la nature, sous l'action intérieure du sentiment de l'être total ; ce sentiment détermine, avec la coopération de l'intelligence, l'évolution de la nature. L'être est donc à chaque instant la synthèse de ces deux choses.

D'une part l'évolution de l'intelligence, de l'autre celle de la nature, ne sauraient être complètes. Quand la première ne se fait que par la poursuite de la résolution de la nature en abstrait, d'autre part l'évolution de la nature ne se fait jamais que sous l'aiguillon de l'appétit, qui, plus clairement conçu, devient le désir ou la volonté. Mais tant que ce sentiment de l'être universel n'est que l'envers de l'intelligence, c'est-à-dire tant qu'il ne résulte pas d'une véritable possession de l'être universel, c'est-à-dire d'une pleine conscience de cet être, il ne tend qu'en apparence à l'universel, il n'est en réalité que l'attachement de l'être à lui-même, et il est seulement vrai qu'alors l'appétit ne s'expliquerait pas complètement s'il ne résultait d'une action de l'être universel dans l'être particulier. Mais il n'est pas vrai qu'il consiste actuellement dans cet acte même. Pour l'être non raisonnable, la fin à laquelle il se suspend est toujours particulière ; il ne la recherche qu'à cause du rapport où elle est actuellement avec sa sensibilité ; c'est une fin égoïste. L'être ne peut se réaliser parfaitement que lorsque l'union, la fusion parfaite s'établit en lui entre la nature et l'intelligence, c'est-à-dire quand l'une et l'autre sont pleinement réalisées et que l'acte de l'intelligence détermine le mouvement de la nature. Il faut pour cela que la fin même à laquelle tend l'intelligence, cette fin qui est la possession de l'être vrai, soit saisie par elle dans son actualité, et que par là même elle devienne capable de solliciter la nature et de déterminer en elle ce sentiment de l'universel qui doit la réaliser complètement. C'est ce qui arrive par l'acte moral, c'est-à-dire alors que le terme, la fin de l'intelligence, c'est-à-dire la loi, n'est plus saisie comme quelque chose d'extérieur à elle, mais posée comme lui étant identique et comme constituant en même temps le fond de la nature ; alors la loi physique cède la place à la loi morale, c'est-à-dire la loi subie à la loi posée. L'acte moral est, pourrait-on dire, la restitution de Dieu dans la nature. A l'origine de l'acte créateur, le devenir des êtres partant de la position même de la loi abstraite qui est la forme de la raison, ces êtres ne peuvent se réaliser pleinement que lorsque la division qui a suivi cet acte créateur, et à la suite de laquelle l'intelligence, faculté de l'universel, s'est trouvée séparée de la nature, lorsque cette division cesse. Cette réalisation de l'être particulier s'accomplit quand l'intelligence, qui représente à l'être la fin vers laquelle il tend, qui la lui représente en l'égalant le plus qu'elle peut à l'idée de l'universel qui est sa forme, cesse de la lui représenter comme un simple agrandissement de sa propre nature, c'est-à-dire comme une fin égoïste. Tant que l'être particulier ne conçoit son développement que comme une extension progressive de lui-même dont le terme sera de l'égaler à l'universel qui est la forme de l'intelligence, autrement dit, tant que l'action de l'être pensant ne consiste que dans une extension de sa nature, qui, en se développant indéfiniment, finira par combler l'abîme qui la sépare de l'universel, la destinée de l'individu pensant est inachevée. Elle s'achève au contraire lorsque cet être pensant renverse les conditions du problème, c'est-à-dire, au lieu de prétendre se développer jusqu'à l'infini, consent à trouver la conciliation, la fusion des deux termes, dans l'abandon de lui-même en tant qu'individu. C'est-à-dire que l'individu ne se réalise pleinement qu'en renonçant à lui-même, en laissant agir en lui le principe auquel il voulait s'égaler mais en s'opposant à lui, c'est-à-dire lorsqu'il reconnaît, lorsqu'il veut, que son être véritable consiste dans la réalisation en lui de l'être universel. Mais cet acte, l'acte moral, n'est à son tour possible que parce que la nature le comporte, c'est-à-dire parce qu'elle n'existe déjà que par l'action de l'être universel. Comment serait-il possible en effet à l'être raisonnable de vouloir se soumettre à la loi morale, c'est-à-dire de vouloir agir comme être universel, subordonner en lui la sensibilité à la raison, si cette sensibilité n'était capable d'être touchée par la représentation de cette loi ? L'acte moral n'est donc pas simplement un acte de pure liberté, c'est en même temps un acte de raison. Vouloir obéir à la loi par pur respect pour elle-même, c'est poser cette loi, qui auparavant n'avait qu'une existence précaire, que celle d'une pure hypothèse ; c'est vouloir qu'il y ait de l'être. Mais cette volonté de l'être suppose à son tour, non pas seulement l'existence d'une nature dans laquelle pourra se marquer, se réaliser de plus en plus cette idée de l'être, mais d'une nature dans laquelle déjà elle est réalisée. Nous ne voudrions pas le bien, c'est-à-dire l'être, si déjà nous ne le possédions, si déjà ce n'était par lui que nous sommes ce que nous sommes. Avant l'acte moral, la réalité de Dieu est comme enveloppée en nous-mêmes ; lorsqu'il s'est accompli, elle se réalise ; c'est-à-dire que nous éprouvons à la suite de cet acte cette identité de la nature, de la pensée, de la liberté, qui est la supposition nécessaire de toute pensée, mais qu'il est impossible à la pensée de se prouver à elle-même autrement que par l'acte moral.

Il faut donc concevoir que Dieu est l'unité, l'identité de la nature, c'est-à-dire de la sensibilité, de la pensée et de l'action. Cette identité, toute pensée, toute action, tout sentiment la suppose ; il est impossible qu'elle soit prouvée, car qui dit prouver, dit établir pour intelligence. N'être déterminé que par l'intelligence c'est encore être sous les éléments du monde, στοιχεῖα κόσμου, (saint Paul, *Ep. aux Galates*). Mais l'intelligence n'est que la faculté de saisir l'être ; elle présuppose qu'il soit donné ; il est donc impossible qu'elle saisisse comme réelles les conditions mêmes sous lesquelles elle existe ; elle ne peut connaître l'être qu'à condition qu'il soit d'abord, qu'elle le présuppose. Mais, d'autre part, il ne faut pas dire que l'être soit posé librement, indépendamment de l'intelligence qui le saisit ; l'action par laquelle il est posé doit avoir ses conditions dans l'intelligence et dans la nature ; elle ne consiste pas à le poser absolument, mais à le reconnaître.

Qu'est-ce qu'on entend par liberté morale ? Ce n'est pas la pure liberté, sans raison, et se contentant de se poser elle-même ; ce n'est pas la liberté abstraite à laquelle on arrive par l'analyse du phénomène de connaissance, ni cette action réfléchie par laquelle la pensée se replie sur elle-même pour chercher la justification en elle de l'idée de l'être, justification qui présuppose toujours antérieurement à elle cette même idée qu'elle veut justifier. Dira-t-on maintenant que cette liberté morale consiste dans la position pure et simple de la loi morale, c'est-à-dire dans l'affirmation d'un être qu'il faut être, d'une idée de l'être qu'il faut réaliser ? Mais ce serait poser arbitrairement l'idée d'un être à réaliser, et pourtant, il faut bien que la position de l'être soit libre, car jamais la pensée ne peut être contrainte à affirmer ce qu'elle affirme, et jamais elle ne peut être contrainte à affirmer qu'elle l'affirme à bon droit. Il en résulte qu'au moment où elle affirme l'être et prétend l'affirmer à bon droit, elle prend cela sur elle. L'affirme-t-elle donc sans raison? Si cette action est sans raison, il en résulte qu'il y a là un acte purement subjectif. Il faut donc que l'acte par lequel se trouve posée cette loi, c'est-à-dire l'être objectif, il faut que cette action ne résulte d'aucune nécessité, et pourtant que, tout en ne présupposant aucune raison qui soit une contrainte, elle ne soit pas pourtant sans raison. La seule solution possible, c'est que cet acte par lequel la pensée pose qu'il est raisonnable d'affirmer l'être, cet acte qui ne doit être déterminé par rien, cet acte absolu, soit pourtant déterminé dans la pensée, mais par une nature qui n'est point particulière, mais universelle. C'est ce qui arrive en effet dans l'acte moral, dont la condition de production est qu'il soit possible qu'on éprouve que l'être universel auquel on se sacrifie, que cet être est au fond de nous-même. Et il y a bien en effet un sentiment à la fois raisonnable et libre dans lequel se résument ces vérités, c'est le sentiment de l'amour. Il est impossible de faire son devoir sans le comprendre; mais, le comprendre, le peut-on sans présupposer antérieurement une idée du devoir qu'on ne comprend pas? Non. Nous ne pouvons jamais trouver de l'idée de devoir que des justifications intellectuelles incomplètes. En définitive, si nous reconnaissons qu'il y a un devoir, c'est que cette loi abstraite du devoir nous paraît raisonnable en tant que nous la considérons comme le symbole d'une réalité vraie dont nous sommes sûrs dès à présent, parce que la connaissance du devoir que nous prenons est la projection d'une réalité interne dont nous sommes sûrs. Quelle est cette action intérieure dont ces deux lois, il y a de l'être, il faut en faire, sont les projections ? C'est qu'à chaque instant l'être moral se pose en nous dans le sentiment de l'amour. Tout homme qui se met à la place des autres accomplit un acte en apparence inintelligible. L'homme qui se dévoue, au moment où il paraît abandonner sa propre individualité, ne fait pourtant que l'étendre jusqu'à y enfermer d'autres individualités. L'appel au mal, c'est l'appel à la personnalité qui s'isole. C'est seulement par le sentiment de l'amour que se réalise en nous cet état d'âme par lequel nous sommes certains de l'existence de Dieu.

La certitude de la réalité de Dieu ne peut donc être obtenue que dans un acte par lequel l'être pensant, l'être raisonnable, réalise l'absolu en lui en se représentant comme irréductible l'opposition de son être particulier avec l'être universel, et, par conséquent, la fusion des deux comme ne pouvant être réalisée que par le sacrifice du premier ; mais cet acte même par lequel l'absolu se manifeste dans l'être particulier, relatif, n'est à son tour possible que s'il est déjà dans la nature de cet être particulier, c'est-à-dire absolument dans la matière. Autrement il serait un effet sans cause. Dieu manifeste, dans l'être moral, sa réalité, parce qu'elle subsiste indépendamment de cet être, parce qu'elle est déjà constituée comme le fond de sa nature. L'acte moral par lequel s'acquiert la certitude de l'existence de Dieu dans le sacrifice de la nature à l'esprit prouve donc, puisqu'il la suppose, l'identité antérieurement établie de l'esprit et de la nature, c'est-à-dire que Dieu ne peut être connu dans l'acte moral que parce qu'il devient en lui, mais il ne peut devenir que parce qu'il est, et être que parce qu'il se pose absolument. L'acte moral prouve la divinité de la nature. La réalité vraie de la nature même est celle que Dieu lui donne par sa perpétuelle action ; tout ce qu'il y a de réel dans les êtres particuliers et dans leur somme, c'est l'action de laquelle ils dépendent. Autrement dit, la certitude de l'existence de Dieu suppose, dans un être, qu'il manifeste Dieu ; nous ne pouvons savoir la réalité de Dieu à un moment donné qu'à condition de le vouloir, de contribuer à le poser ; mais Dieu ne peut pas résulter d'un acte par lequel arbitrairement nous l'aurions voulu ; cet acte suppose que notre nature le comporte ; la preuve de la légitimité de cet acte est donnée par le fait même que cet acte se réalise en nous.

Cet acte, par lequel nous posons l'universel comme étant notre vraie réalité, ne serait pas possible, sans, en nous, un mouvement de la nature, duquel il résulte. Nous prouvons Dieu en le réalisant ; non que nous le créions ; mais notre intelligence comprend que, pour que nous puissions vouloir Dieu, il faut déjà qu'il soit notre fond. Cet acte, contraire à la nature, par lequel l'individu se nie lui-même, n'est possible que si la nature le comporte. c'est-à-dire qu'à la condition qu'il soit déjà vrai que la vraie réalité de l'être particulier est dans l'universel. Nous ne savons que Dieu est qu'en le réalisant, mais nous ne le réaliserions pas ni nous ne concevions qu'il est, et non seulement qu'il est, mais qu'il est réalisé dans la nature.

La certitude de la réalité de Dieu ne peut résulter que de l'action par laquelle nous réalisons Dieu en nous, en subordonnant notre nature individuelle à notre nature universelle. Nous ne pouvons avoir la certitude de la réalité de Dieu qu'en la posant dans l'acte moral même ; mais cet acte n'est possible que sous la condition que Dieu soit, c'est-à-dire que nous le concevions comme étant, c'est-à-dire qu'à condition de le réaliser sous la forme du sacrifice de notre individualité à l'universel, objet de l'intelligence ; mais cela ne suffit pas, car nous ne pourrions réaliser cet acte si la nature en nous ne comportait le sacrifice, c'est-à-dire si Dieu déjà n'était au fond de cette nature comme sa vraie réalité, c'est-à-dire comme le principe qui rend possible le sacrifice par la joie qu'il y attache. La preuve de l'existence de Dieu, c'est le bonheur qui rend possible la vie morale et en résulte.

V

Reste à définir l'espèce de certitude dont l'existence de Dieu est susceptible, et à marquer le rapport de la preuve à laquelle nous nous sommes arrêtés avec les preuves classiques, à montrer comment celles-ci amènent à celle-là, et comment celle-là leur confère leur vraie valeur, les achève.

Kant oppose l'une à l'autre deux sortes de connaissance, le savoir et la foi. Le savoir est l'espèce de connaissance qui constitue la science, qu'il s'agisse de connaissance expérimentale ou de connaissance formelle (mathématiques, philosophie). Cette espèce de connaissance est, suivant Kant, certaine, mais elle ne se rapporte qu'à la forme de la réalité, non à la réalité même. L'autre, au contraire, la foi, qui se rapporte à la réalité en soi, a pour caractère, non plus la certitude objective, mais seulement la certitude subjective ; c'est-à-dire, dit Kant, qu'il n'est pas certain que les objets de la foi, Dieu, la liberté, l'âme, il n'est pas objectivement certain qu'ils existent ; mais nous pouvons en être convaincus, créer en nous une conviction, que nous serons, il est vrai, impuissants à communiquer, du moins par le secours de la seule logique. A ce point de vue la connaissance de foi est inférieure au savoir ; mais elle lui est supérieure par son objet, en ce qu'elle se rapporte à la chose en soi. Ainsi les apparences des choses, les phénomènes, sont susceptibles de connaissance certaine et communicable à tous les esprits ; le fond des choses, non ; mais nous pouvons développer en nous une conviction concernant ces choses.

Ainsi il y aurait, suivant Kant, deux espèces de connaissance, l'une spéculative, l'autre pratique, c'est-à-dire qui se rapporte, qui est nécessaire à l'action, et qui ne peut se réaliser que par l'action individuelle. Nous ne pouvons savoir que Dieu existe (liberté, âme) qu'à la condition de commencer par accepter la loi morale et de réfléchir ensuite sur les conditions qui rendent possible ce fait de l'acceptation de la loi. La croyance en Dieu, en la liberté, en l'âme, ce sont trois croyances que la raison représente comme nécessaires à la suite de cet acte absolu par lequel nous avons reçu la valeur absolue de la loi morale et nous nous sommes inclinés devant elle. Réduite à elle-même, tournée vers le monde des phénomènes, la raison ne pourrait saisir la réalité que ce monde recouvre. La foi, qu'elle oppose au savoir comme se rapportant à l'absolu au lieu que le savoir se rapporte au relatif, est donc une connaissance pratique, se rapportant à l'action considérée dans sa source, à l'acte absolu de moralité. C'est donc bien par la foi pratique, selon Kant, que nous pouvons atteindre l'absolu.

C'est bien à la même conclusion que nous sommes

arrivés. La seule différence est que nous avons cherché à déterminer plus rigoureusement que Kant les éléments de cet acte de foi, ses moments successifs, et qu'en même temps nous avons marqué plus nettement le rapport qui unit cet acte de foi à la connaissance proprement dite. Kant accorde à cette connaissance tournée vers les phénomènes une valeur absolue, tout en la limitant au relatif, au phénomène ; nous avons essayé de démontrer, au contraire, que cette connaissance du relatif, que Kant considère comme se justifiant, se vérifiant elle-même indéfiniment par la conformité reconnue de plus en plus parfaite entre la nature et la forme de cette connaissance, de démontrer que cette connaissance même n'a de valeur que par l'affirmation implicite que nous y faisons naturellement toujours d'une valeur absolue des formes de notre pensée, d'une conformité absolue de ces formes avec son objet. Autrement dit, ce qui nous est apparu comme étant la condition absolue de la valeur de la connaissance purement spéculative, du pur savoir, c'est une autre connaissance qui la dépasse, qui n'est pas à proprement parler une connaissance, mais une certitude hypothétique, ou plutôt une certitude de fait qui précède en nous la réflexion, que la réflexion, ensuite, peut dissiper, ou du moins à laquelle elle peut ôter son caractère absolu, mais sans pouvoir supprimer la tendance naturelle à la pensée par laquelle elle se trouve portée à lui reconnaître ce caractère. Nous avons vu enfin que le problème, posé par la réflexion, de la valeur absolue du savoir, ne peut plus être résolu que par un acte de la liberté, non arbitraire mais raisonnable, qui à son tour suppose le concours de la nature, si bien que ce n'est qu'en apparence que la connaissance spéculative, ou savoir, et la connaissance pratique, ou foi, sont séparées ; dans la réalité elles ne font qu'un. Penser, savoir, c'est accorder implicitement une valeur absolue à son savoir. L'homme qui n'a jamais réfléchi ne doute pas un seul instant qu'il ne voie la réalité telle qu'elle est ; en fait il ne se trompe pas, car sa pensée n'est qu'une partie de la pensée totale ; sa nature, qui détermine en lui cette pensée, n'est qu'une partie de la nature universelle ; la réflexion ne pourra qu'établir cette certitude que la pensée de l'être qui n'a pas réfléchi contient en elle quelque chose de la vérité absolue, porte la marque de l'absolu, d'où elle dépend, d'où elle résulte. Donc il n'est pas étonnant que toute démarche de la pensée soit accompagnée de la conviction qu'elle voit les choses telles qu'elles sont ; il y a de l'absolu dans toute pensée. Mais, quand la réflexion s'éveille, la distinction se fait dans la pensée entre le fait même de la pensée d'une part, de l'autre sa loi, enfin elle-même qui applique cette loi dans le phénomène particulier. Alors l'unité primitive se trouve brisée, par l'opposition entre le savoir déterminé du dehors, le savoir phénoménal, justifié par l'expérience, et le savoir intérieur, de droit, résultant de la pure action de l'esprit. Cette opposition est marquée par la distinction entre le savoir spéculatif et la connaissance pratique, la foi.

Mais cette opposition n'est qu'un moment nécessaire dans le mouvement de la pensée. Tant qu'elle ne sera pas résolue, la pensée ne sera pas satisfaite. Nous avons vu qu'elle ne pouvait l'être que dans l'acte moral, non abstrait, mais concret, considéré dans toute sa profondeur naturelle, c'est-à-dire jusqu'à la base que la nature doit lui fournir. Tant que cet acte par lequel l'esprit particulier restitue, rétablit en lui l'absolu, sous la forme de l'universel, c'est-à-dire concourt à l'action créatrice en s'identifiant à elle, tant que cet acte ne s'est pas réalisé et n'a pas déterminé ses conséquences naturelles, l'opposition entre la connaissance de fait et la connaissance de droit n'est pas résolue, c'est-à-dire que la connaissance de fait n'a pas de valeur ; elle a perdu, par le fait de la réflexion, la valeur qu'elle avait d'abord. La réflexion ouvre à l'homme le monde de l'infini. Une fois que, par l'acte de réflexion, c'est-à-dire par l'intervention de la liberté dans la connaissance, l'être raisonnable a commencé à se demander quelle était la valeur réelle de sa connaissance, c'est-à-dire à douter de cette valeur antérieurement acceptée, reconnue, deux voies se sont trouvées ouvertes devant lui, celle du bien et celle du mal, celle du néant et celle de l'être : (mythe du Paradis terrestre, passage de l'enfance, de l'âge de l'irréflexion, à celui de la réflexion, passage caractérisé par un ordre que l'homme reçoit et qu'il sait pouvoir observer ou enfreindre ; c'est par l'idée de la loi morale qu'apparaît en lui la Raison). Une fois la distinction faite entre le fait et la raison s'ouvre pour l'être une ère nouvelle, l'ère de la souffrance, du doute, du malheur, et en même temps de la possibilité du salut. L'éclosion de la réflexion, c'est l'éclosion de la souffrance, c'est-à-dire du sentiment de l'écart qu'il y a entre le réel et l'idéal, le donné et le possible. L'enfant ne voit que ce qui est ; tout pour lui est uni et plan. L'être humain, la raison venue, souffre donc, mais en même temps devient capable d'une valeur nouvelle par la solution qu'il donne au problème qui se pose perpétuellement à lui. Au problème soulevé par la réflexion, la solution ne peut pas être trouvée par la réflexion seule, car la réflexion suppose toujours une lumière qui la dirige, elle n'agit que sous la condition de la parfaite justification. Par conséquent ce n'est qu'à la condition d'un acte absolu de volonté raisonnable, libre, que la solution pourra être trouvée, c'est-à-dire que pourra être rétablie l'unité brisée par la réflexion. A l'homme qui a douté une fois de la raison, par conséquent de toutes choses, la paix ne peut être rendue que par un mouvement intérieur absolu, par un acte de moralité, c'est-à-dire par un acte de foi. C'est par cet acte de foi morale que la connaissance reprend la valeur que la réflexion lui avait d'abord contestée, et qu'elle avait primitivement dans l'état de nature. Une fois que la réflexion s'est produite dans un esprit, la connaissance phénoménale, le pur savoir n'a plus aucune solidité, même à titre de connaissance relative. Elle perd définitivement toute valeur pour l'esprit que la réflexion ne conduit pas à la vie morale ; car, pour lui, le monde sensible, objet du savoir, n'a plus aucun sens, n'ayant pas le sens absolu, la valeur que la loi morale, conforme à la vraie nature, peut seule lui donner. Tel est le rapport du savoir spéculatif et de la pratique, du savoir et de la foi.

Quels sont les éléments constitutifs de celle-ci, les moments successifs par lesquels se réalise l'acte par lequel se détermine dans l'âme la certitude de l'existence de Dieu ?

La question de l'existence de Dieu, nous l'avons vu, est celle de la valeur absolue de la pensée. Savoir si Dieu est, c'est savoir si la pensée est ce qu'elle doit être, si la pensée a une valeur absolue, si les raisonnements par lesquels elle s'élève jusqu'à l'affirmation d'un être nécessaire, subsistant en soi et par lequel toutes choses existent, si ces affirmations sont légitimes ou si elles ne sont que l'effet de sa constitution, purement accidentelle. Le point de départ de cette recherche par laquelle la pensée s'élève vers l'inconditionné, c'est la réflexion, c'est-à-dire cette action par laquelle la pensée sépare, dans ses actes, leur matière, c'est-à-dire leur objet, de la forme qu'elle y applique et y réalise. Réfléchir, c'est se demander si ce que l'on pense, on le pense comme on doit le penser, c'est-à-dire conformément à la règle, à une règle dont on aperçoit la nécessité, que l'on conçoit comme préexistant à l'application qu'on en fait. La réflexion consiste donc dans la conception de la loi à laquelle la connaissance doit être conforme pour être vraie ; c'est cette conception qui rend possible le raisonnement. Raisonner, c'est s'efforcer d'enchaîner ses pensées, pour les accorder toutes ensemble le plus possible avec la règle de la vérité. L'acte de foi, métaphysique et moral, en la valeur absolue de la pensée, a donc tout d'abord à son point de départ un acte de liberté, c'est-à-dire de réflexion. Mais cet acte de liberté a sa condition (ou plutôt se découvre, quand il a lieu, sa condition) dans l'idée de la loi, de la règle, à laquelle il s'agit de conformer la connaissance. Cette idée de la vérité, dans ses conditions formelles, est donc la condition absolue de la réflexion, le premier moment de l'acte complexe par lequel s'établit dans l'âme la certitude de l'existence de Dieu. Cette idée d'une règle de la vérité, idée qui éclaire toute raison humaine, cette idée que toute pensée, pour être vraie, doit être conforme à une certaine règle, est donc la lumière intérieure primitive et naturelle à laquelle pourra succéder et par l'action de laquelle pourra se développer la lumière définitive qui résultera à la fois de notre propre action, de l'action de la raison universelle que cette idée exprime, et enfin de l'action directe de l'absolu. Par le fait que la raison est apparue dans un esprit dans l'acte de réflexion se trouve posée devant cet esprit une alternative.

L'acte de la réflexion par lequel se dégage l'idée de la vérité qui est la raison même, λόγος, le verbe divin, à la lumière de laquelle nous cherchons les lois de la nature, est accompagné de la position d'un problème. L'idée de la vérité se justifie bien par elle-même indéfiniment, mais par quoi se justifie-t-elle dans son ensemble ? Problème que la raison raisonnante seule ne peut résoudre. Cet acte de liberté intellectuelle, de réflexion, par lequel la raison éclate dans un esprit particulier, doit, pour que le problème qu'il soulève soit résolu, être suivi d'un autre acte de liberté, l'acte de liberté morale. L'acte de liberté intellectuelle, de réflexion, ne se conçoit pas sans une condition absolue de lui-même, qui est l'idée de l'être, du vrai, avons-nous dit, idée que, si nous pouvons réfléchir, c'est que la raison existe en nous, que nous participons à elle. De même maintenant, si nous pouvons faire acte de liberté morale, c'est aussi parce qu'une condition de cet acte est donnée en nous. Mais d'abord pourquoi cet acte de liberté morale est-il nécessaire et en quoi consiste-t-il ? Raisonner pour chercher à se justifier à soi-même ses pensées ou sa puissance même de penser, c'est toujours, en définitive, faire appel d'un fait à un autre fait, car le raisonnement suppose toujours des prémisses. Si, ces prémisses, il les met en question, ce ne peut être qu'en en présupposant d'autres indéfiniment. C'est que le problème posé n'est pas en réalité du ressort du raisonnement. Il ne s'agit pas de savoir quelle est la valeur absolue de la pensée, de la raison, considérée comme donnée, mais bien de savoir si la pensée en acte aura une valeur ; il faut, au lieu de chercher indéfiniment l'impossible justification d'elle-même dans un mouvement par lequel elle s'efforce de s'embrasser elle-même dans toute son étendue en tant que donnée, c'est-à-dire, au lieu de se demander si sa loi est vraie en en présupposant une autre, il faut qu'elle se demande à quelle condition cette loi peut être vraie, cette loi absolue qu'elle veut vérifier, ce λόγος.

Cette valeur absolue, cette vérité ne peut être trouvée dans la voie de la pure intelligence. A quelle condition la raison abstraite serait-elle vraie ? A quelle condition serait vraie cette loi de notre pensée qui nous fait chercher toujours à envelopper nos pensées d'une pensée plus générale, à réduire toutes choses à l'unité ? A condition qu'il soit vrai que l'être est un, c'est-à-dire que le particulier est identique à l'universel ; tant que nous nous opposons, être particulier, à l'être universel, le problème est insoluble. La loi qui consiste à nous faire réduire toutes choses à l'unité ne sera vraie qu'à condition que l'être pensant, qui s'efforce de se justifier à lui-même sa nature pensante, mais qui, dans cet effort même, s'oppose à cette loi qu'il veut justifier, fasse, pour ce qui le concerne, que la loi qu'il veut justifier soit vraie, c'est-à-dire fasse qu'elle exprime véritablement son être à lui ; et cela, il le fait par l'acte de liberté morale, parce qu'il anéantit sa propre individualité devant le tout auquel il se subordonne, faisant par là que la loi que tout à l'heure il concevait comme nécessaire, mais non comme justifiée, se trouve justifiée. Il ne peut pas être vrai que l'universel est le fond de l'être avant que cela n'ait été fait : or tant que vous ne voulez pas que votre être réel consiste dans la négation de votre individualité, tant que vous n'acceptez pas la loi morale, Dieu pour vous n'existe pas, car l'unité n'est pas encore constituée en vous, puisque l'universel et le particulier s'opposent, puisque la loi postule l'obéissance sans l'avoir obtenue. La loi tant qu'elle n'est pas obéie n'est pas vraie, n'est pas justifiée. Il n'est pas rigoureusement vrai que l'être vrai soit universel, un, tant que vous ne le voulez pas, que vous persistez à vous opposer aux autres natures ; vous ne pouvez pas dire que cette loi est vraie, puisque chez vous elle ne l'est pas ; il y a au moins un coin de l'univers ou cette unité est rompue, c'est vous.

La solution de ce problème en ce qui concerne la connaissance spéculative ne saurait être obtenue directement ; nous ne pouvons pas connaître par l'expérience une loi de la nature qui serait absolument, par elle-même. D'une part, nul moyen de trouver par expérience une loi qui serait nécessaire ; et, de l'autre, quand bien même nous aurions pu réduire toute la connaissance expérimentale à cette loi purement abstraite, qui est celle de la nécessité abstraite, il resterait encore à rendre compte de cette nécessité même. Par conséquent, atteindre l'unité dans la connaissance naturelle est chose impossible. Tant qu'on se propose de démontrer la valeur de sa propre pensée, on propose un problème contradictoire. Commencez par constituer l'unité en vous et la raison sera justifiée ; autrement il est absurde de vouloir prouver que Dieu est. L'acte de liberté morale est la seule solution possible du problème soulevé à propos de la valeur de la pensée. Tout s'éclaircit pour une conscience qui a commencé par vouloir le bien. L'idée de l'être de la raison n'est qu'une forme abstraite, engendrée dans les êtres humains comme le symbole extérieur de cette vérité intime ; la raison n'est donc que la figuration abstraite de la réalité intérieure qui est toute morale. Lorsque l'acte de réflexion a posé pour nous le problème de la valeur de la loi pratique, nous pouvons en trouver la solution, non pas à travers des idées indéfiniment renouvelées, mais par l'acte moral. Cet acte consiste non plus à chercher la justification de cette loi dans une raison donnée quelconque, mais au contraire à vouloir que cette loi soit vraie, à faire qu'elle soit vraie en comprenant qu'elle ne peut pas être vraie autrement que si nous y consentons.

Qu'est-ce en effet que cette loi pratique exprime ? Qu'exprime cette loi pratique qui se propose à notre action, qui s'efforce de la déterminer, sinon que la qualité de notre action, sa réalité, doit consister non point dans ce qu'elle est pour nous seul, c'est-à-dire dans son apparence subjective, non pas dans la tendance par laquelle elle se développe, mais bien dans sa conformité à l'universel ? Car la loi c'est l'universalité, c'est l'expression du tout dans la partie. Dire que toute chose s'explique par sa loi, c'est dire que concevoir sa loi, c'est-à-dire saisir le rapport qu'elle soutient avec le tout des choses, c'est saisir ce qu'elle est véritablement en elle-même. Mais à quelle condition la loi peut-elle exprimer réellement la nature de la chose particulière ? Ce ne peut être que si, dans cette chose, le particulier est identique à l'universel, si, dans cette chose, ce qui la réalise en tant qu'individu, c'est l'action du tout. Mais dans une pensée cela ne peut avoir qu'un sens, c'est que la nature à laquelle elle obéit en agissant, qui s'oppose par conséquent à la loi comme le particulier à l'universel, c'est que cette nature ne soit pas subie, mais au contraire, déterminée par l'idée de la loi. Autrement dit, la seule manière possible pour la pensée de se vérifier la valeur de cette loi dont la réflexion fait surgir l'idée, c'est de la faire passer en acte, de l'imposer à la nature, de poser, pour ce qui est en elle, la vérité de la loi, c'est-à-dire de réduire cette nature à l'universel, de réaliser la loi en elle, ce qui suppose que cette nature, dans son fond, soit déjà conforme à la loi. Autrement dit, il est impossible à un homme de sortir du doute spéculatif et pratique autrement qu'en faisant descendre, par un acte de foi morale, la loi dans la nature, ce qui suppose la conformité primitive de cette nature à la loi, par conséquent qu'il y a au fond de la nature comme une grâce déposée, qui rend possible la vie morale. Nul homme n'est capable de concevoir le bien et de le réaliser que si sa nature est bonne. Si nous n'existions déjà par Dieu, nous ne pourrions réaliser Dieu en nous. La preuve de la réalité de Dieu n'est fournie que dans l'amour même, mais cette preuve ne consiste pas dans une action arbitraire de la pensée ; cette action suppose la présence dans la pensée de l'idée de la loi, et, dans la nature, une tendance en quelque sorte assoupie, mais qui peut entrer en acte quand s'effectue cette réalisation de la loi dans la nature.

Ces trois termes donc, loi, nature, volonté ou liberté, réalisent leur jonction dans l'acte moral ; mais la puissance absolue qui la rend possible, c'est la grâce divine déposée au fond de la nature, c'est cette disposition intérieure qui fait que la nature comporte l'action, le progrès, le mouvement indéfini, par le perpétuel renoncement à elle-même, la perpétuelle position de l'universel. Ainsi nous ne pouvons pas savoir que Dieu est avant d'avoir posé Dieu en nous, ou plutôt avant que Dieu se soit posé en nous, car cette action ne saurait être conçue que comme ayant sa condition absolue dans une action intérieure, la grâce. Dieu n'est connu de l'âme que parce qu'elle le réalise en elle par l'action, mais l'action elle-même n'est possible que parce que le sentiment lui prépare la voie. Nous ne pourrions pas connaître Dieu si nous ne l'avions pas auparavant réalisé ; mais, pour que nous puissions le réaliser, il faut que l'esprit nous y porte, l'esprit au sens théologique, dont il est dit qu'il souffle où il veut, esprit qui est la disposition absolue inhérente à la nature même, par laquelle Dieu la rend capable de l'exprimer, de le réaliser. Ainsi l'absolu descend en nous dans sa pure idée conçue par la réflexion ; cette idée ne peut se prouver elle-même que dans l'action ; mais cette idée et cette action ont leur condition dans la disposition absolue de la nature qui la fait capable de son contraire. Cette condition absolue n'est autre chose que Dieu dans la nature, c'est-à-dire la grâce. La grâce se manifeste en nous sous la forme d'un sentiment, d'un sentiment double, qui a deux faces, l'une tournée vers l'être lui-même, l'autre vers les autres êtres. Ce sentiment, par lequel est possible l'acte moral est, à la fois, joie et amour. Il est impossible de vouloir le bien si dans cette volonté même on ne trouve la joie ; et, d'autre part, comme le bien, c'est le bien des autres, c'est l'universel, comme vouloir c'est vouloir autrui, vouloir le bien suppose qu'on aime ceux qui en sont l'objet.

Cet amour pour l'absolu que nous n'avons pas encore atteint est en même temps joie et souffrance. En effet il est impossible d'aimer ce qu'on ne possède pas encore sans souffrir de ne pas le posséder, et en même temps l'action par laquelle on le poursuit ne saurait avoir lieu si elle ne sollicite le désir, c'est-à-dire si elle n'est agréable. Ce sentiment, qui précède l'acte moral et le rend possible, ce sentiment lié à la nature en nous, est suivi d'une autre forme de sentiment qui résulte de l'acte moral.

De l'acte moral résulte la joie morale. On ne peut réaliser en soi l'absolu par l'acte de volonté morale sans jouir de cet absolu qu'on réalise, c'est-à-dire sans sentir qu'on est dans le vrai ; joie de la conscience, par laquelle l'âme s'unit étroitement à l'objet qu'elle réalise, joie qui est en même temps amour. Ce sentiment est le témoignage de la nature qui confirme l'être moral dans la certitude qu'il a créée en lui librement. Cette joie accompagnée d'attachement à son objet est comme l'approbation extérieure que l'absolu se donne à lui-même. C'est une approbation indirecte qui revient sur elle-même, une approbation réfléchie en quelque sorte. De ce que la nature a été créée par l'absolu résulte la conformité où elle se montre ensuite avec les actes de l'absolu. On ne peut pas dire absolument que ce soit ce sentiment qui justifie l'acte moral, dont la valeur n'a en effet pas besoin d'être prouvée par quelque chose d'extérieur ; mais elle lui apporte du moins une vérification de fait. D'ailleurs cette vérification de fait ne saurait être absolue. Cette joie qui accompagne l'acte moral ne peut pas être une joie sans mélange. L'acte moral en effet ne subsisterait pas longtemps s'il n'était constamment accompagné du sentiment de l'impossibilité où est l'être moral qui l'accomplit de réaliser dans cette acte la perfection, de combler l'intervalle de la nature à l'esprit. La condition de la valeur de ce sentiment même c'est qu'il soit accompagné d'une souffrance. La souffrance est le stimulant de l'être dans sa marche vers la perfection. Cette souffrance ne peut le quitter ; il faut, même aux instants de triomphe, qu'elle soit là pour l'avertir qu'il y a toujours de nouvelles conquêtes à faire.

La pure adhésion active de la volonté à la loi morale, le pur acte moral, s'il est la perfection dans sa forme, ne l'est pas nécessairement dans la nature à laquelle il est uni. Nous pouvons à la fois vouloir le bien et nous demander si nous le voulons aussi complètement qu'il est possible, de tout notre cœur, de toute notre nature. La subordination des motifs intéressés au motif moral ne va pas jusqu'à l'anéantissement complet ; tout ce que peut faire l'être moral, c'est imposer momentanément silence à la nature, non la spiritualiser tout à fait. Ainsi nous pouvons vouloir aimer le bien, sans avoir pour cela le sentiment que nous l'aimons de tout notre cœur, que nous sommes aussi bons que nous pourrions l'être ; le sentiment de notre imperfection est donc l'accompagnement nécessaire de la loi morale ; il ne peut donc pas y avoir de joie morale pure ; et si ce sentiment de l'imperfection pouvait s'éteindre dans une âme, la condition de son perfectionnement ultérieur aurait disparu. C'est parce que notre joie morale ne peut jamais être parfaite que la vie morale subsiste en nous. En définitive, même après cette confirmation que la nature, par l'action absolue de la grâce et par l'action progressive de la volonté, a pu donner en nous à la valeur de l'acte moral, cet acte dans l'accomplissement duquel se constitue pour nous la certitude absolue, cet acte reste toujours un acte de foi, de liberté . Mais cet acte de foi n'est pas une adhésion sans raison de la volonté. C'est une adhésion raisonnable dont les raisons, avant qu'elle ait eu lieu, ne sont que des postulats, des hypothèses qui se proposent, mais qui deviennent, dans l'acte moral, des réalités. Par le fait même que ces raisons sont acceptées, elles sont réalisées. C'est-à-dire que l'être raisonnable et moral, au moment où il se décide à accomplir la loi, à s'élever au-dessus de sa nature donnée pour revêtir sa nature libre, s'unir à l'auteur de toute nature, donne, par cette solution, par cet acte, sa réalité à toute sa pensée, par conséquent à tout le monde qui en dépend. Le sentiment qu'il éprouve ensuite de la conformité de son acte avec sa vraie nature et avec la vraie nature de toutes choses, ce sentiment de joie, est une vérification extérieure, réfléchie en quelque sorte, de la valeur de son action, mais toujours imparfaite. Mais dans cette imperfection même se trouve la condition de la possibilité de l'acte moral. Si en effet l'acte de foi duquel dépend toute la valeur de la pensée pouvait trouver sa confirmation absolue dans la nature, il en résulterait l'identité absolue du sujet individuel dans lequel la pensée se manifeste, et de l'être universel auquel il se rattache : tout redevenant réel, l'unité absolue s'étant définitivement constituée, l'identité de l'idéal et du réel étant apparente, il n'y aurait plus rien ; ce triomphe de l'être serait en réalité le triomphe du néant, du moins pour l'être individuel.

En résumé la certitude qui s'attache à la connaissance

de l'absolu, c'est-à-dire la certitude de la valeur abolue dé la pensée, cette certitude est réelle, mais cela ne veut pas dire qu'elle soit un état, mais un acte. Il n'y a pas en dehors de la pensée un modèle auquel elle puisse songer à se reporter pour déterminer sa valeur ; il n'y a rien en dehors d'elle de nécessaire, d'existant par soi, qu'elle puisse atteindre pour se conférer, par ce contact, la certitude. La vérité certaine est une action qui doit être renouvelée incessamment pour subsister. Nous obtenons, nous concevons précisément le degré de certitude que nous méritons. C'est une chimère de se représenter la certitude comme pouvant être obtenue passivement en se mettant simplement en présence d'un objet. La certitude est une création absolue de l'esprit ; c'est l'esprit même, c'est l'absolu, c'est Dieu qui la crée en nous. Cela ne veut pas dire que Dieu n'a de réalité que celle que nous lui conférons dans l'acte moral. Car, nous l'avons vu, le propre de cet acte par lequel la pensée individuelle s'unit de volonté à la pensée universelle, le propre de cet acte, c'est de ne se réaliser jamais complètement. Il n'aurait pas lieu s'il n'était lié à une nature, et cette nature ne serait pas si elle n'était actuellement en opposition avec l'absolu. Dans l'acte même par lequel nous saisissons Dieu, ou, pour mieux dire, nous le posons comme réel, nous reconnaissons l'impossibilité qu'il soit jamais réalisé par une pensée particulière. Dieu est précisément l'impossibilité que la pensée particulière, dans aucun de ses actes successifs, exprime complètement sa véritable réalité. Comme nous le disions précédemment, Dieu est essentiellement incompréhensible ;

c'est-à-dire qu'il est supérieur à tout ce que la pensée analytique, la pensée réfléchie, peut expliquer. Penser c'est nécessairement diviser ; mais la pensée qui divise, la pensée qui analyse, ne peut faire consister toute la réalité de l'objet qu'elle pense dans le produit de cette division. L'être vrai que toute pensée exprime lui est antérieur ; c'est l'unité dont elle part, unité qu'elle décompose ensuite en y voyant la nécessité, et que, dans l'acte moral, elle reconstruit. Donc on ne peut pas dire que Dieu soit l'inconnaissable ; l'être de l'absolu n'est pas en effet réellement être. Nous ne pouvons dire ni que Dieu existe, ni qu'il est ; c'est la même chose de dire que Dieu ne saurait être compris, c'est-à-dire est supérieur à la pensée, et de dire qu'il n'existe pas. Nous devons concevoir un mode de réalité supérieur à l'existence, que l'idée d'être ne saurait traduire, et qui appartiendrait à Dieu.

Nous l'avons vu, les deux idées dans lesquelles il serait peut-être le mieux de déterminer la réalité de Dieu sont celles d'unité et d'amour. Nous avons dit que la vraie réalité dont notre intelligence n'aperçoit que des images, que des divisions, que cette réalité antérieure à cette intelligence est unité ; nous savons en même temps que cette réalité supérieure est quelque chose comme la pensée. Dieu ne peut pas être une réalité de nature antipathique à la pensée : car la seule raison d'affirmer Dieu, c'est que nous pensons, et ce n'est pas au-dessous de la pensée, mais au-dessus, dans sa source, qu'il faut le chercher. Autrement dit, nous ne pouvons concevoir Dieu que comme une pensée antérieure à la pensée même. Mais cette pensée, dont le caractère essentiel est l'unité, il semble que nous n'en ayons l'idée que par l'amour. Aimer c'est s'unir à ce qui n'est pas soi, être un dans deux. Au fond de toute pensée, il y a cette action par laquelle l'être pensant pose qu'il y a d'autres êtres que lui, et le veut uniquement parce qu'il aime ces autres êtres. Autrement dit, le monde n'est réel pour nous que parce que nous le concevons comme ayant une vérité absolue. Cette vérité absolue suppose une pensée absolue qui la soutient. Cette pensée absolue ne peut être extérieure au monde, aux esprits. Mais comment savons-nous qu'il y a des esprits? Parce que nous savons qu'il y a un esprit absolu. Cet esprit absolu nous savons qu'il existe par le sentiment qui nous pousse à nous fondre en lui. Nous ne savons qu'il y a d'autres esprits que nous, c'est-à-dire que le monde est une réalité, c'est-à-dire que notre pensée a une valeur, que parce que nous aimons que cela soit. La seule détermination suffisante à croire à la réalité de l'objet de notre pensée, c'est le mouvement absolu d'amour qui nous porte vers les êtres qui le constituent. Le monde extérieur n'a donc dans un esprit que la réalité que cet esprit lui confère par un don gracieux de sa nature. Pour qui ne se sent pas porté à reconnaître de la valeur aux êtres extérieurs à lui, pour qui il n'y a que son moi, le monde extérieur n'est qu'une apparence. A mesure au contraire que, par des actes de volonté morale, nous adhérons à la loi de l'être, c'est-à-dire que nous reconnaissons que l'être réel est l'être universel, la croyance à l'objectivité du monde s'accroît parallèlement. De sorte que le scepticisme n'est pas au fond autre chose que l'égoïsme. Si la disposition à aimer, à s'attacher à l'être universel indépendamment de notre sensibilité ou individualité, pouvait s'anéantir dans l'un de nous, la vie intellectuelle en lui s'éteindrait. Nous avons en définitive à chaque instant la certitude que nous méritons. Le monde, dans sa réalité, est l'expression exacte de notre propre réalité. Pour celui à qui le monde apparaît comme n'ayant aucun sens, il n'a en effet aucun sens ; pour celui qui lui-même n'a aucune valeur, il n'a aucune valeur. Le sens des choses nous apparaît plus nettement à mesure que nous augmentons notre valeur propre.

Ainsi cette action intérieure, à la fois libre et raisonnable, provoquée jusqu'à un certain point et confirmée par la nature, par laquelle notre réalité comme êtres moraux est créée à chaque instant, cette action absolue de l'esprit en nous est à chaque instant pour nous la créatrice de l'univers. Le monde est réellement pour nous à chaque instant ce que l'esprit, soufflant où il veut, veut en nous à ce moment qu'il soit. Maine de Biran disait que nous ne sommes certains de la réalité du monde extérieur que par l'effort musculaire par lequel nous modifions ce monde. C'est là le commencement de la vérité. Nous ne saurions pas que le monde extérieur existe, même à titre d'apparence, si nous ne commencions pas à agir sur ce monde ; de sorte qu'à chaque instant le monde est physiquement tel que nous le dessinons. Maintenant qu'y a-t-il de réel dans cette construction de nos sens ? C'est à la raison d'en décider. La raison cherche ce que cette construction contient de nécessaire. A ce moment apparaît dans la pensée l'idée de l'être, c'est-à-dire de la loi. L'acte de la perception n'existe pas en nous à part de l'acte de raison. L'être c'est l'universel dans cette construction subjective formée en nous. A vrai dire, c'est déjà parce que nous avons jugé que l'être vrai est universel, c'est-à-dire est pour tout être ce que le voit la pensée une de laquelle toute pensée dépend, c'est pour cela que nous lui avons attribué une réalité. De sorte que c'est déjà la raison qui a déterminé la réalité dans l'acte même de la perception. Mais cet acte de raison, étant spontané, ne venant pas de nous, mais de la nature en nous, ne pouvait nous contenter. De là résulte pour nous la nécessité de nous poser une alternative. Le monde, que la raison nous montre comme soumis à des lois, qu'est-il réellement ? Est-il même réellement ? Cet acte de la liberté intellectuelle nous a ouvert accès à la vie de l'esprit. Il a consisté, en effet, à mettre en doute la réalité de notre première action par laquelle nous nous sommes dessiné les objets, et en même temps à mettre en doute la réalité de la loi à laquelle nous avons obéi en voyant dans la construction subjective faite d'abord l'expression de l'universel.

De là vient que cet acte de réflexion, cet acte de liberté, peut être considéré à la fois comme le commencement de tout bien et le commencement de tout mal. Réfléchir, en effet, c'est se détacher en soi de la raison naturelle ; c'est sortir de l'innocence primitive, imperfection sans doute, mais en même temps perfection. C'est douter de sa valeur en tant qu'individu, mais aussi de cette loi supérieure de la raison à laquelle, jusque-là, on obéissait sans le savoir. L'acte de réflexion est donc à la fois un mouvement vers l'absolu et un mouvement vers le néant, un mouvement de désobéissance, l'introduction du mal dans la nature. L'enfant qui commence à réfléchir commence à se soustraire à la loi. Il devient du même coup capable, il est vrai, de l'accepter librement puisqu'il la reconnaît ; mais il ne l'accepte pas encore. C'est donc une aventure qui commence. Deux voies sont ouvertes pour lui : l'une qui conduit à l'égoïsme, au scepticisme, c'est la voie de la nature, bonne, en fait, avant la réflexion, désormais mauvaise. Le premier acte de la vie morale est donc un acte de liberté, mais un acte de liberté pure, inqualifiable, à la fois bon et mauvais, par lequel s'ouvrent deux voies, celle du mal, c'est-à-dire de la nature, celle du bien, c'est-à-dire de l'esprit. La chute telle que nous la présente la *Genèse* est à la fois la possibilité de l'entrée dans l'esprit et de la chute de la nature dans le mal. La liberté se manifeste d'abord par le refus d'obéir ; mais cela même suppose la connaissance de la loi, d'où résulte la possibilité de lui obéir.

Ainsi deux degrés de la liberté. Nous sortons de la nature pour prendre connaissance de la loi, mouvement qui se manifeste par l'opposition à l'état dans lequel nous étions avant la connaissance de la loi. Mais ne faire que savoir, et jouir de l'opposition de sa raison à sa nature, c'est flotter indéfiniment dans le vide, c'est ne connaître la raison que comme un objet extérieur, duquel on jouit par la vue, *ut rem fruendam oculis*, c'est en jouir comme d'un spectacle, c'est s'amuser de la raison. On peut jouir ainsi indéfiniment de cette espèce de liberté, de cet état de suspension, d'examen, de doute, d'indépendance ; dilettantisme, ironie, scepticisme. Il est impossible de confondre le scepticisme par aucune raison d'ordre abstrait, mais encore plus de le justifier. Pour celui qui reste dans cet état, toute réalité s'est évanouie. Ce moi auquel il attache tellement de valeur qu'il veut le conserver à tout prix indépendant, qui croit et veut que son bien consiste dans sa désobéissance même, ce moi s'anéantit lui-même et finit dans la destruction. Ainsi, après que l'acte primitif de liberté a éveillé dans la nature la raison, l'être raisonnable, alors créé en puissance, est en présence d'une alternative que lui seul peut résoudre : être ou n'être pas. N'être pas, c'est-à-dire essayer de maintenir son existence sous la forme de cette vaine indépendance qu'il a d'abord conçue ; être, c'est-à-dire supprimer en lui cette individualité pour réaliser en lui le règne de la loi ; être, c'est-à-dire se créer lui-même. Au-dessus du pur savoir, qui est abstrait et vide réduit à lui-même, il y a donc une connaissance qui n'est plus de savoir, mais de foi, et qui donne à l'autre toute sa valeur. Cette foi a sa condition dans la raison, dans la faculté de raisonner, dans l'idée de la loi qui, à un moment donné, surgit dans l'être raisonnable et lui donne la voie du raisonnement indéfini. Cette foi a sa condition dans la raison, mais la dépasse ; elle consiste dans un acte de liberté morale par lequel nous subordonnons notre nature pour la réaliser, reconnaissant par cela même la valeur de la raison, de la loi qu'elle nous impose. C'est seulement dans cet acte, troisième moment de la connaissance, (le premier était la représentation et la connaissance spontanée, le deuxième la réflexion), que l'objet de la connaissance prend une réalité ; c'est cet acte qui, à chaque instant, réalise pour nous le monde, qui le réalise en ce sens que, à chaque instant, la réalité du monde est ce que nous voulons qu'elle soit, c'est-à-dire résulte de la valeur que nous attribuons à la pensée en nous, c'est-à-dire à la pensée absolue.

On comprend dès lors dans quel rapport cette preuve de l'existence de Dieu est avec les preuves physiques et les preuves intellectuelles ; celles-ci ne sont que des préparations de celles-là. Par les preuves physiques, considérant le monde matériel comme une réalité donnée, nous cherchons l'explication absolue de sa matière (preuve cosmologique) et de sa forme (preuve des causes finales). La première de ces preuves suppose que nous attribuons une réalité au monde, c'est-à-dire que nous connaissons cette réalité par la raison, c'est-à-dire que nous croyons à la raison en nous, ce qui revient à dire que la valeur de cette preuve dépend de celle des preuves fondées sur la nature de la raison, des preuves intellectuelles. La preuve physico-théologique, par laquelle nous cherchons en Dieu la cause intelligente et bonne de la perfection du monde, suppose également les preuves intellectuelles, puisqu'elle suppose la réalité de la nature ; et elle suppose en outre les preuves morales, puisqu'elle suppose que nous reconnaissons, dans les choses extérieures, non pas seulement une réalité sensible, mais une réalité idéale, consistant dans leur rapport avec ce qui doit être. C'est donc que nous croyons à la réalité de ce qui doit être, que nous croyons qu'il existe une sorte de réalité, supérieure non pas seulement à la réalité sensible, mais encore à la réalité intelligible qui consiste dans la nécessité. Il en est de même des arguments intellectuels, fondés sur la valeur absolue de la connaissance, destinés à justifier la foi qu'a la raison en elle-même. Descartes oscille ; tantôt il fonde la preuve ontologique sur l'idée de l'infini, tantôt sur celle du parfait. Il s'efforce de déduire l'existence de Dieu de la seule idée de l'être infini et parfait ; cet effort ne saurait réussir par la seule logique. Mais on peut voir dans l'idée même de la perfection l'expression, la représentation figurée, le symbole de cette action absolue qui est la source de toute certitude, action qui dans l'homme est l'acte moral, et, en Dieu, est à la fois liberté et amour, ou plutôt source de l'une et de l'autre.

Tel est le rapport des preuves physiques et intellectuelles à notre preuve morale. Une fois que celle-ci est atteinte, réalisée par un libre mouvement de la nature qui est l'action même de l'esprit en nous, la valeur de cette preuve rejaillit sur les précédentes, sur celles qui l'ont introduite. En effet, le fond de cette preuve consiste à reconnaître la valeur de la raison, de cette raison qui, en éclatant dans l'âme, en posant devant elle une alternative, lui a ouvert la possibilité de la vie de l'esprit. L'acte moral reconnaît à la raison sa valeur comme un remercîment du don qu'elle lui a fait en le rendant possible. L'acte moral ayant eu lieu, le doute sur la valeur de la raison a cessé ; c'est-à-dire que Dieu est apparu dans l'acte moral comme réel, ou plutôt a été saisi comme la source réelle de la pensée, comme le fondement de la raison. Descartes fonde la légitimité de la connaissance sur la perfection de Dieu qui n'a pu nous tromper. C'est à la même conclusion que nous arrivons ; pour mieux dire, c'est la même pensée que nous interprétons différemment. La raison, nous savons qu'elle ne nous trompe pas, parce que nous avons compris dans l'acte de foi moral le sens de la raison, cette raison qui est la faculté de l'universel ; nous comprenons qu'elle signifie l'unité de l'être, cette unité qui n'existe pas seulement en fait, mais qui doit être réalisée perpétuellement par la volonté. Les preuves physiques elles-mêmes prennent alors une valeur ; la réalité matérielle du monde, alors que nous avons atteint la réalité de Dieu dans l'acte moral, nous apparaît comme résultant de l'activité divine. Nous comprenons cette idée de matière, qui se présentait d'abord comme l'antithèse absolue de la pensée. Qu'est-ce que la matière à la lumière de cette foi supérieure, sinon la multiplicité absolue que l'être divin a produite pour y trouver l'occasion de se retrouver éternellement lui-même par l'action créatrice de l'esprit ? La matière nous apparaît comme consistant dans la condition inférieure, absolue, perpétuelle de la vie morale. Quant à la forme de perfection qui se manifeste dans cette matière (preuve physico-théologique), ce n'est pas autre chose que ce que l'esprit a réalisé déjà de lui-même dans la nature. La beauté, l'ordre, l'harmonie qui éclatent dans cette nature sont en elle la manifestation de l'action intérieure par laquelle l'esprit la fait être. Nous avons vu que nous ne pouvons atteindre Dieu qu'en le réalisant en nous ; de même toute nature n'est à chaque instant que par ce qu'elle réalise de Dieu. La beauté de l'Univers n'est pas autre chose que le résultat de l'application d'une pensée plus ou moins parfaite qui cherche à dégager sa réalité. L'univers rend à la pensée de chacun, dans la beauté qu'il lui manifeste, ce qu'elle lui a d'abord prêté. Il faut d'abord avoir développé en nous le sentiment de l'harmonie, de l'ordre, de la beauté, pour le trouver dans le monde. Or, nous avons vu que cette réalité supra-sensible résulte en nous de l'acte répété de la foi morale par lequel nous avons posé la valeur, c'est-à-dire la réalité de l'universel. Ainsi la perfection extérieure des choses n'est que le symbole de la perfection intérieure qui est en nous, de la libre création de l'esprit. Cette beauté, cette perfection résultent donc de l'acte même par lequel Dieu s'est posé en nous. Là est la vraie valeur de l'argument physico-théologique.

Mais si le monde n'a de sens que dans l'esprit, c'est que l'action par l'esprit librement crée ce sens. Bien ou mal elle résout le problème : il le faut, car « nous sommes embarqués », et elle en crée l'idée en le résolvant de toutes pièces d'abord. Cette idée ensuite se posera toute seule. Car la nature, par l'habitude, rend à l'esprit ce qu'il lui a prêté. Mais l'idée ne suffit pas, et ce qui a été fait une fois, l'effort, doit être refait toujours. Il est contradictoire qu'une solution spéculative du problème métaphysique puisse exister d'abord, et que l'action, ensuite, n'ait qu'à s'y conformer ; c'est l'action qui fait la solution et l'idée même du problème ; car cette idée n'est que le résidu des solutions créées de toutes pièces d'abord. C'est la nature d'aujourd'hui, liberté d'hier, qui rend ce qu'on lui a prêté.

La certitude est une région profonde où la pensée ne se maintient que par l'action. Mais quelle action ? Il n'y en a qu'une, celle qui combat la nature et la crée ainsi, qui pétrit le moi en le froissant. Le mal c'est l'égoïsme qui est au fond lâcheté. La lâcheté, elle, a deux faces, recherche du plaisir et fuite de l'effort. Agir, c'est la combattre. Toute autre action est illusoire et se détruit. Serions-nous seuls au monde, n'aurions-nous plus personne ni rien à quoi nous donner, que la loi resterait la même, et que vivre réellement serait toujours prendre la peine de vivre.

Mais faut-il la prendre et faire la vie au lieu de la subir ? Encore une fois ce n'est pas de l'intelligence que la question relève : nous sommes libres, et, en ce sens, le scepticisme est le vrai. Mais répondre non, c'est faire inintelligibles le monde et soi, c'est décréter le chaos et l'établir en soi d'abord. Or, le chaos n'est rien. Etre ou ne pas être, soi et toutes choses, il faut choisir.

FIN

TABLE

—

I

Pages

Des Preuves Morales considérées comme de simples appels au sentiment. 1-14

Affirmation du parfait en tous les genres, p. 2. — La beauté, p. 3. — La valeur morale, p. 4. — L'amour, p. 5. — Libre jugement dans l'amour, p. 7. — Le bonheur, p. 8. — Critique, p. 9. — Le consentement universel, p. 10. — L'athéisme, p. 11. — Comment l'athéisme prépare la preuve, p. 13.

II

Preuve fondée sur le fait de l'existence de la loi morale en nous. 15-30

Kant et le souverain bien, p. 15. — Bonheur et perfection, p. 16. — Développement indéfini de notre moralité, p. 20. — Immortalité, p. 21. — Dieu, p. 22. — Originalité et grandeur de cette preuve, p. 23. — Kant et la religion chrétienne, p. 24. — La pensée rappelée sur elle-même, p. 26. — Descartes et Kant, p. 27. — L'absolu immanent à nous-mêmes, p. 28. — Toutefois absolu réel, pour Kant, p. 29.

Pages

III

Critique de la preuve de Kant 31-42

Ce que Kant a établi, p. 31. — De la récompense à venir, p. 32. — Le devoir, possible dans la nature, p. 33. — Insuffisance même de la pure vérité, p. 35. — Nature, soudée à l'absolu, p. 37. — L'idée de récompence corrigée par la réflexion, p. 38. — Contentement moral, p. 39. — Le paradis de la religion, p. 40. Dieu, principe immanent, p. 42.

IV

Preuve morale directe, ou réflexive. 43-123

La véritable preuve morale, p. 43. — L'existence, p. 44. — Exister et être, p. 46. — L'existence n'est pas un objet suffisant de la pensée, p. 47. — L'existence ne convient pas à Dieu, p. 48. — L'être non plus, p. 48. — La nécessité ne se suffit pas à soi-même, p. 49. — Le doute, p. 51. — La valeur, p. 54. — Le dévouement, p. 56. — La valeur, soutien de l'existence, p. 57 — La valeur, soutien de la nécessité, p. 58. — Dieu dans l'acte même de la pensée, p. 59. — Kant et l'expérience. p. 60. — La pensée veut que quelque chose soit, p. 61. — Liberté, p. 62 — Ce qui est et ce qui doit être, p. 64. — Valeur, soutien de réalité, p. 65. — Idéalisme vraiment réaliste. p, 66. — Dieu même, en nous, p. 67. — L'idée de l'être, p. 69. — L'entendement ne peut atteindre Dieu, p. 70. — L'acte de l'absolu, p. 72. — Identité de l'idéal et du réel, p. 73. — L'idée du parfait, idée seconde, p. 75. — Valeur de l'idéal, p. 77. — Réaliser, p. 78. — L'idéal et la nature, p. 79. — L'acte de la pure pensée,

Pagés

p. 81. — Liberté, loi, nature, p. 82. — Ce que suppose une vérité de fait, p. 83. — Ce que suppose un jugement de valeur, p. 84. — Loi de liberté et loi de nature, p 85. — La loi morale et la nature, p. 86. — Notre rapport à l'universel, p. 88. — L'amour obscur, p. 90. — Nature, vérité, idéal, p. 91. — Réalité absolue, p. 93. — Dieu incompréhensible, p. 94. — L'amour, p. 95. — Impuissance de l'entendement. p. 97. — L'amour en Dieu, p. 98. — Conflit entre le particulier et l'universel, p. 102. — Nous nous prouvons Dieu en le réalisant, p. 104. — La raison, p. 105. — La volonté p. 107. — Conditions de l'action, p. 109. — L'Universel dans le particulier, p. 112. — Création, p. 113. — Degrés et évolution, p 114. — L'acte moral, p. 116 — Le sacrifice, p. 117. — Conditions du sacrifice, p. 120. — L'acte moral prouve la divinité de la nature, p. 121. — Dieu au fond de la nature, p. 123.

V

De la Certitude. Rapports de la preuve morale aux preuves classiques 124-152

Savoir et foi selon Kant, p. 124. — Kant dépassé, p. 126. — Opposition, moment nécessaire, p. 127. — Le moment de la réflexion, p. 128. — L'unité brisée, p 129. — La valeur absolue de la pensée, p. 130 — Il faut que l'être moral fasse l'unité, p. 133. — Faire que la loi de raison soit vraie, p 134. — Sortir du doute par l'acte moral, p. 136. — La grâce, p. 136. — Joie et souffrance, p. 138. — Certitude en acte, p. 140. — Nous devons concevoir un mode de réalité supérieur à l'existence, p. 142 — Pensée absolue, p. 142. — Le scepticisme est égoïsme, p. 143. — Savoir que les choses existent, p. 144. — Réfléchir, c'est sortir de l'innocence primitive, p. 145. — Comment sortir du scepticisme, p 146. — Les preuves physiques et les preuves intellectuelles, p. 148. — Etre ou ne pas être, p. 151.

Imp. des Presses Universitaires de France,
49, Boulev. St-Michel, Paris, 5e.

6513. — Coulommiers. Imp. PAUL BRODARD. — 8-25.

www.ingramcontent.com/pod-product-compliance
Ingram Content Group UK Ltd.
Pitfield, Milton Keynes, MK11 3LW, UK
UKHW022109260726
13993UKWH00001B/399